아버지 그 이름의 무게

작가의 말

　그제가 어제 같고, 어제가 오늘 같은 날에 나는 있다. 인간의 삶과 무관하게 자연의 순환 법칙은 연초록 물감이 더해져 세상은 온통 녹색 잔치를 벌이고 있다. 자연처럼 사람의 마음을 포근하게 감싸주는 글을 써보고 싶은데, 생각처럼 쉽지가 않다.

　누구나 글을 쓰지만, 한 번쯤은 누구나 쓸 수 없는 멋진 글을 써보고 싶다. 독자들도 그런 글과 만남을 고대할 것이다. 독자의 마음을 훔칠 수 있는 글은 쓰고 싶다고 해서 누구나 쓸 수 있는 건 아니다. 그럼에도 독자들과 공감대를 형성한다는 마음으로 수없이 많은 불면의 날을 보냈다. 그것은 내 마지막 숙제를 해결하기 위한 간절함이었다.

　열한 권째 수필집이자, 열아홉 권째 저서인 『아버지 그 이름의 무게』는 지금까지 내가 살아온 삶에 흔적이자 恥部치부다. 누구나 쓸 수 있는 글과 더부살이 할 때면 그게 한계가 아닌지 싶어 안타깝다. 아쉽지만 땀과 열정을 담아냈다고 생각하면 조금은 위안이 된다.

이 책에 애착이 가는 건, 쏟아부은 열정과 연민이 담겨있기 때문이다. 모쪼록 언제 어디서나 누구에게나 쉽게 읽힐 수 있는 책으로 기억되었으면 좋겠다.

저자 김종화

추천사

散文산문정신의 진수를 맛볼 수 있는 책

임수홍(한국문학신문 발행인)

갈수록 종이책의 효용성이 떨어지고 전자책의 가치가 증대되고 있다. 그러다 보니 종이책이 점차 설 자리를 잃어가고 있어 안타깝다. 그럼에도 종이책은 지금까지 우리 인간에게 지식이나 정보 제공은 물론, 나침판 역할을 해 온 것이 사실이다.

종이책이 살아남기 위해서는 소장 가치가 높은 좋은 책이 많이 출판되어야 한다. 독자들의 마음을 끌어낼 수 있는 그런 책 말이다. 그것이 종이책의 존재 가치를 담보해 주는 일이다.

나는 1년에 적게는 150여 권에서, 많게는 300여 권의 책을 출판하고 있다. 상당수의 책이 제대로 이름도 내밀지 못하고 사라지지만, 그렇지 않은 책도 있다. 그래서 좋은 책을 만들기 위해 애를 쓰고 있지만, 쉽지가 않다.

이번에 김종화 작가의 『아버지, 그 이름의 무게』라는 수필집은 보기 좋고, 읽기 쉽고, 이해하기 쉽게 쓴 책이다. 文章三易문장삼이라는 말이 딱 어울리는 책이다. 아버지는 그 이름만으로도 가슴 시리도록 소중하면서 아름다운 이름이다. 거룩한 이름을 작품으로 승화시킨 작가의 역량에 경의를 표한다.

그의 작품은 화려하지 않지만, 마치 잔잔한 수면을 가진 개울물처럼 친숙하면서도 정겹다. 특히 이 책은 치밀한 구성과 정확한 묘사를 통해 산문정신의 진수를 보여주고 있다. 또한, 자신의 체험을 어떻게 의미화하여 완성도 높은 문학작품으로 형상화해 내는가를 알려주고 있는 책이기도 하다.

지금까지 출판업을 계속해 온 감으로 추측하건대, 이 책이야말로 독자들의 사랑을 받을 수 있다는 확신이 든다. 그 이유는 이 책을 읽다 보면 굳게 닫힌 빗장을 허물고 긴 울림을 줄 것만 같아서다. 그것이 내가 이 책을 자신 있게 추천하는 이유다.

모쪼록 김종화 작가의 열정이 독자들과 공감대를 형성해 나가기를 기대한다. 더불어 이 책이 독자들의 사랑을 듬뿍 받아 오래도록 기억되는 책으로 남았으면 하는 바람이다.

추천사

공감 가득한 풍성한 삶의 흔적 줍기

이광복(한국문인협회 명예회장)

한 편의 작품에는 작가의 삶이 고스란히 담겨있다. 작가의 감각적이고 내밀한 이야기들이 한 권의 책으로 탄생하기까지 작가가 느낀 아픔은 産苦산고의 고통에 비할 바가 아니다.

이번에 출간하는 김종화 작가의 『아버지, 그 이름의 무게』라는 책자에는 마흔네 편의 수필이 독자들과의 만남을 기다리고 있다. 그 작품 하나하나에는 공감 가득한 삶의 흔적들로 풍성하다. 그런 작품과 만나 작가가 흘린 삶의 흔적을 줍는다면 독자들은 진정한 독서의 기쁨을 누릴 수 있지 않을까.

독자들이 책자를 선택할 때 기준은 저마다 다르겠지만, 일상에서 누구나 한 번쯤 겪음 직한 이야기를 마치 물이 흐르듯이 술술 읽히는 글과 만남은 어떨까. 더욱이 읽고 나면 가슴에 뭔가 느낌표 하나가 똬리를 틀 정도로 부담 없는 책이라면 錦上添花금상첨화가 아닐까 싶다.

이 책은 수필 언어의 형상화로 빚어낸 삶의 보석이다. 주제를 중심으로 단락을 구성하고 전개하는 능력, 글을 안정적으로 이끌어 가는 솜씨, 세련된 문장을 구사하는 치밀함 등을 고려해 볼 때, 이 책은 수필을 공부하는 이들에게 큰 도움이 될 것으로 믿어 의심치 않는다.

문학의 올바른 가치는 인간의 고난과 시련과 아픔을 치유하는 역할을 해낼 때 가능하다. 그런 측면에서 볼 때, 소나무처럼 늘 푸르름을 간직한 이 글은 누가 읽어도 후회하지 않을 거라 확신하며 일독을 권장한다.

/ 차례 /

작가의 말　　/ 2
추천사　임수홍(한국문학신문 발행인)　/ 4
　　　　이광복(한국문인협회 명예회장)　/ 6

제1부　아버지, 그 이름의 무게

아버지, 그 이름의 무게　/ 14
단종문화제와 함께한 수필가들의 생일잔치　/ 20
손해 보는 삶이 답이다　/ 25
否認부인하고 싶은 현실　/ 30
도심 속 힐링 사찰　/ 35
일자산 자락에 퍼진 문학의 향기　/ 40
청와대가 개방되던 날의 풍경　/ 43
晩學徒만학도들의 꿈　/ 47
이런 삶을 살고 싶다　/ 51
남의 일이 아닙니다.　/ 57
물과 꽃의 정원, 세미원　/ 63

제2부 글쓰기 정년은 없다

가을을 만나다 / 70

문학상 심사에 관한 小考소고 / 76

아내에게 바치는 헌사 / 81

글쓰기, 停年정년은 없다 / 85

나의 창작 산실에서의 하루 / 89

하늘을 우러러 한 점 부끄럼 없기를 / 93

추억을 찾아가는 하루 / 98

오해가 오해를 부른다 / 104

멋대가리 없는 사람 / 108

기억 창고를 노크하다 / 112

감사에 대한 감정 표현 / 116

/ 차례 /

제3부 삶은 드라마다

순수 덩어리 / 122

삶은 드라마다 / 126

추석날의 **素描**소묘 / 130

고향 나들이 / 134

내가 펜을 놓지 못하는 이유 / 138

歲暮 斷想세모 단상 / 143

내 마음을 훔친 청풍명월 / 147

봄이 오면 생각나는 것들 / 152

내 마음에 찍은 느낌표 / 156

이제 후회 내려놓고 싶다 / 159

작은 깨달음 / 163

제4부　아내에게 부치는 편지

학도병들의 숨결　　/ 168

錯覺착각은 자유?　　/ 174

아름다운 약속　　/ 178

연극「코리올레이너스」를 관람하다　　/ 182

제주 여행 이야기　　/ 186

아내에게 부치는 편지　　/ 192

경비원 K 씨 이야기　　/ 197

거룩한 만남　　/ 201

아직 이루지 못한 새해 소망 하나　　/ 204

무심한 사람　　/ 208

문협 임원 선거를 마치고　　/ 212

제1부
아버지
그 이름의 무게

내가 괜찮은 아들은 아니어도, 못된 아들은 아니라고 생각했다. 그런데 그게 아니었다. 그 생각만 하면 회한으로 범벅된 그리움이 장마에 무너진 제방처럼 휩쓸려 내린다. 오늘은 눈처럼 하얗게 살다 가신 아버지가 그립다.

아버지, 그 이름의 무게

아버지라는 이름의 무게를 저울에 달면 얼마나 될까? 나도 그 이름의 무게를 몰랐는데 내 자식들이라고 알까? 父權부권이 무너지고 양성평등 시대가 도래했지만, 가족 부양책임은 아직도 아버지 몫이 더 크다. 아버지라는 이름의 무게가 가볍지 않다는 걸 알 수 있는 대목이다.

일제강점기에 아버지는 徵用징용되어 일본으로 끌려가셨다. 勞役노역에 동원되어 3년여 동안 콤마 이하의 삶을 살았다. 모진 고생 끝에 피골이 상접한 모습으로 해방 직전에 귀국했다. 해방의 기쁨이 채 가시기도 전에 6·25전쟁 소용돌이 속에서 아버지라는 이름으로 살았다. 아버지는 전쟁의 후유증이 몰고 온 보릿고개 앞에서 절망했다. 절망 속에서도 세월은 멈추는 법이 없었다. 격동의 세월과 함께 아버지는 힘든 보릿고개를 넘고 넘었다. 내 아버지의 고단했던 삶은 무엇으로 보상받을 수 있었을까.

그 시절 아버지들은 밤과 낮이 없었다. 우리 아버지라고 달랐을까. 자식들은 뼈만 앙상했고, 어른들은 희망을 찾아 나섰다. 그런 사회 분위기 속에서 우리 칠 남매가 굶주림에서 벗어날 수 있는 일이라면 몸을 사리지 않으셨다. 아버지가 허리를 펴는 순간은 땅거미가 지고 어둠이 찾아올 때뿐이었다. 가난은 아버지가 짊어져야 할 잘못이 아니다. 그럼에도 전쟁보다 더 무서운 가난으로부터 하루빨리 벗어나고 싶었을 것이다.

가난한 가장에게 일은 벗어날 수 없는 족쇄였다. 그 족쇄에 얽매이다 보니 손은 수세미처럼 거칠어지고 발바닥은 거북이 등이 되었다. 그 손과 발은 우리 가족을 지키는 거룩한 堡壘보루였다. 잠시도 쉬는 법이 없었다. 아버지에게 쉼표는 사치였고, 하루하루가 도돌이표였다. 고단한 삶에 부대낄 때면 막걸리 한잔에 모든 시름을 담아냈다. 오랜만에 마신 막걸리에 얼굴은 대춧빛으로 물들었다. 그 막걸릿잔에는 자식들에게 보이고 싶지 않았던 당신만의 한숨도 담겨 있었으리라.

가난했지만 올곧게 살아오신 아버지께서 빚보증을 잘못하여 빈털터리가 됐을 때도 "그만하면 다행"이라며 돌아서서 눈물을 훔쳤다. 아침 이슬처럼 맑고 투명하게 살아온 결과가 믿는 도끼에 발등을 찍혔으니 억장이 무너지고도 남았으리라. 당시 아버지는 망망대해에 떠 있는 작은 돛단배 신세였다. 불행은 원하지 않아도 잘도 찾아오는데 행복은 아무리 애를 써도 우리 식구를 비껴갔다. 그런 질곡의 세월 속에서도 자식들의 버팀목이 돼야 한다는 사명감에 거친 풍파를 혼자 감당해 내셨다.

우리 가정의 든든한 버팀목이었던 당신은 우리 집 해결사였다. 아버지 손이 가면 안 되는 게 없었다. 아버지는 우리 집 가장이자 기둥이고 희망이었다. 당신은 거대한 산이었고, 거인이었으며, 고향마을 입구에 서 있는 당산나무였다. 우리 식구들은 그 당산나무 아래서 비를 피하고 더위를 피했다. 때로는 마을 사람들도 쉬어가곤 했다.

고난의 시련 속에서도 가족들이 힘들어할까 봐 무슨 일이나 "괜찮다"며 손사래를 치시던 모습은 생각만 해도 가슴이 따뜻해진다. 당신은 평생 자신을 위해 살아보지 못한 분이다. 의무라는 말로 대신하기엔 참으로 고결한 삶이었다. 아버지라는 이름으로 살아온 삶이 얼마나 힘들고 답답했을까. 그 생각만 하면 지금도 가슴이 먹먹해진다.

아버지가 무거운 짐을 잠시 내려놓을 때는 눈이 내리는 날이었다. 그런 날이면 당신께서는 땅속에 갈무리해 둔 고구마를 꺼내 드셨다. 살짝 언 고구마는 맛이 그만이었다. 그때마다 생고구마를 밤처럼 예쁘게 깎아 자식들에게 나눠줬다. 아버지의 감각적인 손길이 더해질 때마다 자식들의 감성도 담쟁이넝쿨처럼 한 뼘씩 자랐다.

  하루가 다르게 성장하는 자식들을 지켜보며 흐뭇해하시던 당신의 뒷모습이 참으로 든든했다. 언제까지나 자식들의 든든한 울타리가 되어 주실 줄 알았는데 세월과 함께 기력은 衰殘쇠잔해지고, 단단했던 육체도 조금씩 무너져 내렸다. 얼굴에도 주름살이 하나둘 늘어갔다. 힘에 부칠 때는 쉬엄쉬엄 해도 되련만, 손에서 일을 놓지 못했다. 어떠한 순간에도 자신의 책임만큼은 회피하지 않으셨다.

  그런 삶을 살아오면서도 아버지는 무뚝뚝했다. 다정함과는 거리가 멀었고, 자상함이라는 단어와도 어울리지 않았다. 그러다 보니 가족 간에도 서먹함이 존재했다. 온몸으로 세상과 씨름하며 살아왔지만, 정작 자신을 닮은 자식을 가슴에 품는 건 서툴렀다. 그래서였을까? 자식들은 쉽게 다가서지 못하고 아버지 곁을 맴돌았다. 그럼에도 당신은 자식들에게 자신의 전부를 내주셨다. 그게 당신만의 사랑법이라는 걸 철이 들고 나서야 알았다. 가족을 위해서라면 마지막 남은 자존심마저 버릴 수 있는 분이 바로 내 아버지였다.

  아버지는 가족들에게 상처를 주지 않기 위해 무슨 일이나 속내를 드러내지 않았다. 단지 가족이라는 이유 하나 때문에 모든 것을 안고 침묵으로 일관하셨다. 그러다 보니 언제나 혼자였다. 평생을 외로움이라는 늪에서 빠져나오지 못했다. 그래도 자식들 앞에서 눈물을 보이지 않으셨다. 아버지는 아무도 보지 않는 밤에 가슴으로 울지 않았을까? 그래서 아버지라는 그 자리를 지켜내기가 더 힘들었으리라.

가을걷이가 끝난 어느 비 오는 날 오후였다. 우두커니 앉아 밖을 내다보시는 당신의 굽은 등이 어찌나 왜소해 보이던지 내 무딘 가슴이 덜컥 내려앉았다. 얼마나 안돼 보이던지, 할 수만 있다면 아버지의 고달팠던 삶을 고스란히 돌려드리고 싶었다. 그럼에도 마음뿐, 내가 해드린 건 별로 기억에 없다. 어리석은 난 아버지가 되고서도 한참이 지난 뒤에야 아버지라는 짐의 무게를 가늠할 수 있었다.

아버지는 그 이름의 무게를 감당하지 못할 무렵부터 가장이라는 자리마저 잃었다. 하루하루 이어져 온 삶의 현장에서 아버지 권위는 끝없이 추락했다. 아버지는 우리 시대 희생의 대명사였다. 아니 희생이라는 두 글자로 당신의 삶을 이야기하기엔 턱없이 부족했다. 그것이 불행한 시대를 살아온 아버지 자화상이 아니었나 싶다. 그런 생각만 하면 소매 끝에 휘감기는 찬바람이 내 가슴에 寒氣한기를 몰고 온다.

희생이라는 단어를 곱씹고 살아오신 아버지는 평생 비행기 한 번 타보지 못하고 무지개다리를 건너셨다. 그 생각만 하면 후회라는 단어가 내 마음속을 넘나든다. 이제는 아무리 큰 소리로 불러도 더 이상 대답해 주시지 않는다. 감정이 이성을 지배했던 시절에 아버지를 실망스럽게 했던 잘못도 용서받기에 너무 늦어 버렸다. 그럼에도 내가 괜찮은 아들은 아니어도, 못된 아들은 아니라고 생각했다. 그런데 그게 아니었다. 그 생각만 하면 회한으로 범벅된 그리움이 장마에 무너진 제방처럼 휩쓸려 내린다. 오늘은 눈처럼 하얗게 살다 가신 아버지가 그립다.

 잘 알려지지 않아서 그렇지 세상에는 비정한 아버지도 많고, 평생 짊어져야 할 무게를 감당하지 못해 잘못된 선택을 하는 아버지도 많다. 아버지라고 해서 다 같은 아버지가 아니다. 그런 인식의 연장선상에서 볼 때, 난 참으로 복이 많은 사람이다. 그래서였을까. 아버지라는 이름만 들어도 가슴이 절절해지고 마음은 파도가 되어 출렁거린다.

 나는 지금도 아버지라는 이름의 무게를 감당하지 못하고 쩔쩔매고 있다. 내 아버지는 그 시절을 어떻게 이겨내셨을까. 이제 아버지 나이가 된 내 얼굴에서 아버지가 보였다. 아버지는 내가 중심을 잃고 서성일 때, 나를 들여다 볼 수 있는 거울 하나를 남기고 가셨다. 순간 그때 그 시절이 그리워 아버지의 굴곡진 삶의 片鱗편린을 추억이라는 보자기에 펼쳐 놓는다.

〈한국문인협회 우수문학선집 2023년 12월〉

단종문화제와 함께한
수필가들의 생일잔치

올해로 스물다섯 해가 되는 수필의 날 행사가 강원도 영월에서 치러졌다. 영월은 강원도 최남단에 있는 자연경관이 수려한 아름다운 곳으로 내륙산간 지방이다. 영월에 첫발을 내딛자 도심에서 느껴보지 못한 신선한 공기가 폐부를 찔렀다. 내가 어렸을 때 고향에서 마시며 살았던 바로 그 공기였다. 그래서였을까. 내 마음도 마치 고향에 온 것처럼 포근했다.

주변엔 겨울을 이겨낸 메마른 나뭇가지마다 연둣빛 여린 싹을 틔우고 우릴 반겼다. 자연의 위대한 순환 법칙은 언제 봐도 경이롭다. 그렇다고 해서 조급해하거나 서두르지 않고 때를 기다리며 곱게 치장한 나무들이 자신의 존재감을 드러냈다. 나뭇잎은 하늘거리고, 스쳐 가는 바람은 피부를 간질였다.

군청 2층 대강당에 내걸린 현수막이 이곳이 행사장임을 알려주고 있다. 오랜만에 만난 수필가들의 주름진 얼굴엔 잔잔한 웃음꽃이 피고, 맞잡은 손엔 힘이 넘쳤다. 추억 담기 좋아하는 일부 수필가는 현수막을 배경으로 사진을 찍으며, 오른손에 V자를 만들어 보였다. 이런 행사가 아니면 얼굴조차 볼 수 없는 사람이 많다. 만나면 먼저 얼굴에 가득 담아 보내 주는 환한 미소에 내 마음의 벽은 그만 무너져 내렸다. 내가 수필의 날 행사에 참석하는 이유가 여기에 있다.

오후 한 시가 되자 대강당엔 150여 명의 수필가들이 질서정연하게 앉아 자리를 지켰다. 운영위원장의 개회 선언으로 본격적인 생일잔치가 벌어졌다. 명쾌한 사회자의 진행으로 제1부 행사가 일사불란하게 진행되었다. 참석자들의 호응도 단연코 최고였다. 아무리 완벽한 계획이라 해도 계획대로 진행하기는 어려운 법이다. 그럼에도 행사는 식순에 따라 원만하게 진행되었다.

제2부 심포지엄 역시 '영월 문화유적과 단종 문학의 고찰'이라는 주제로, 일사천리로 진행되었다. 제한된 시간에 쫓기는 모습이 안타까웠지만, 큰 무리 없이 진행되어 참석자들의 박수를 받았다. 진행자의 재치가 돋보이는 시간이었다.

행사 후에는 단종 대왕의 유배지로 이동하여 멀리서 고즈넉한 청령포를 내려다보며 어린 단종 대왕의 아픔을 되새겼다. 묵묵히 그리고 서서히 흐르는 강물은 역사를 품은 채 무심한 듯 흘렀다.

우린 그 의미를 되새길 시간도 없이 그곳에 서린 단종 대왕의 한을 마음속으로 위로하며 행사장으로 향했다.

행사장엔 사람들로 장사진을 이뤘다. 일행은 금방 그곳의 분위기에 흠뻑 젖어 들었다. 수많은 사람이 부스를 찾아다니며 먹고 즐기고 추억을 담으며 행복한 시간을 보냈다. 저녁에는 진성·박서진 등 유명 가수가 온단다. 관람객들은 이른 시간부터 좋은 자리를 차지하기 위해 조바심을 내며 가벼운 실랑이를 벌였다. 시간이 지날수록 바람이 세차게 불어 여성들의 머리카락을 휘날리며 신경을 건드렸다. 계획에 따라 움직여야 하는 우린 야간 행사 관람은 꿈도 꾸지 못하고 숙소로 이동했다.

영월이 유명세를 치르기 시작한 것은 장릉과 청령포 때문이다. '사육신의 단종 복위 운동 실패로 단종은 노산군으로 강봉되어 이곳 청령포로 유배되었다. 이후 다시 서인으로 강봉 되어 사약을 받고 17세로 승하했다. 동강에 버려진 단종의 시신을 戶長호장 엄홍도가 수습하여 암매장하였다. 그 후 숙종 때 다시 왕위로 복위되어 陵號능호를 장릉이라 하였다.' 역사는 그 아픔을 잊지 말라며 찾아오는 이들에게 귀한 가르침을 준다.

다음 날, 우리가 단종 문화제가 열리고 있는 장릉에 들른 것은 오전 10시 경이었다. 단종 문화제는 단종의 고혼과 충신들의 넋을 축제로 승화시킨 영월의 대표적인 문화제로 올해 58회를 맞이하고 있다.

　장릉 행사장에선 예복을 단정하게 차려입고 절차에 따라 행사가 엄숙하게 진행되고 있었다. 참석한 사람만 해도 어린이로부터 노인에 이르기까지 다양했다. 단종이 잠들어 있는 왕릉을 찾아가는 이들이 길게 줄을 이었다. 허리를 깊이 숙인 채 쌍지팡이를 짚고 팽창에서 온 아흔세 살의 수필가가 대단하다는 생각이 들면서도 한편으론 짠했다. 난, 그 나이가 되면 어떤 모습을 하고 있을까를 생각하니 의문부호 하나가 그려졌다. 아마 선생께서는 1박 2일이 무척 힘들고 고단하셨을 거다. 참석자들의 머리에도 하얀 서리가 내리고 얼굴엔 세월의 흔적이 덕지덕지 묻어났지만, 아름다운 미소가 끊임없이 피어올랐다. 이제 등은 산등성이처럼 휘고 걸음걸이는 어눌했지만, 주고받는 수다 속엔 문인의 품격이 넘쳐났다.

　우리가 영월 곳곳을 누비고 다닐 때도 그곳에 서 있던 나무들은 자리를 지킨 채 한껏 푸르름을 자랑했다. 바람이 불면 춤을 추고, 햇볕이 내리쬐면 이파리를 늘어뜨린 채 자연의 싱그러움을 안겨 주었다. 단종 문화제가 진행되는 동안 우린 1박 2일의 여정을 마치고 귀로에 올랐다.

　일행을 실은 버스는 서울을 향해 시원하게 질주했다. 경주하듯 달리는 버스 안에서 개개인에게 행사 소감을 묻자 "정말 의미 있고 뜻깊은 시간이었습니다. 좋은 분들과 함께하는 시간이 행복이었습니다. 행사를 주관해 주신 분들에게 깊은 감사를 드립니다." 고 이구동성으로 입을 모았다.

버스는 힘차게 달리고 있었지만, 내 마음은 한 폭의 그림을 연상케 하는 아름다운 영월의 풍경을 잊지 못해 그곳을 맴돌았다.

손해 보는 삶이 답이다

일모작 삶은 사회와 높은 담장을 사이에 두고 살았다. 보이는 곳이라고는 하늘과 산뿐인 奧地오지에서의 생활이 그렇게 만들었다. 지난 30여 년 동안의 군 생활을 접고 새천년을 1년 앞두고 사회인이 되었다. 군이라는 특수집단에서 생활하다 사회인이 된다는 생각만으로도 불안감이 엄습해 왔다. 아무리 어렵고 힘들었어도 군은 내 청춘을 바친 곳이다. 그래서 군 생활에 대한 추억이 삶 속에 고스란히 자리하고 있다.

익숙한 군복을 벗고 초짜 사회인이 된 내게 찾아온 첫 번째 시련은 아내와의 갈등이었다. 그동안 떨어져 지내다가 껌딱지처럼 붙어 지내야 하는 시간이 아내에겐 힘들었을 것이다. 하지만 난 아내의 처지를 이해하기보다는 눈에 거슬리면 성난 파도처럼 입에 거품을 물었다. 참으로 어리석은 가장이었다. 이게 아니다 싶어 일자리를 찾아 나섰다. 하지만 생각처럼 쉽지 않았다. 그럼에도 죽으라는 법은 없었다. 뜻이 있으면 길이 있다고 상가 관리소장으로 근무하게 됐다. 이름만 대면 알 수 있는 인지도 높은 상가였다. 이모작 삶은 그렇게 시작했다.

상가에서의 하루는 스트레스를 量産양산했다. 무엇 하나 쉬운 일이 없었다. 내가 하는 일은 10명의 직원을 통제하면서 상가를 관리하는 일이었다. 물론 상인들과의 갈등도 최소화해야 했다. 상인들은 공용구역에 물건을 적치하는 등 규정 위반도 서슴지 않았다. 내가 하면 로맨스요, 상대방이 하면 불륜이라며 입방아를 찧었다. 사소한 일로 상인들과 부딪쳤다. 시간이 지날수록 하염없이 내리는 눈처럼 스트레스가 쌓였다. 하지만 누구에게나 동일한 잣대로 일관되게 처리하다 보니 분위기가 호전되기 시작했다.

그러던 어느 날 미화반장 L이 상인들과 말다툼 끝에 해고당하는 사달이 났다. 한마디 말을 해도 가려서 하면 좋을 텐데, 생각 없이 툭툭 던지는 그 말이 상처로 남았다. 거기에는 자신들이 고용한 사람이기 때문에 함부로 대해도 된다는 오만함이 깔려 있었다. 내 피붙이가 그런 대우를 받는다고 생각하면 저급한 행동은 하지 않았을 것이다. 당시 L의 아내는 신장염으로 치료를 받고 있었다. 아내 건강 때문에 걱정거리 하나를 달고 살았다. 그런 상황에서 해고는 하늘을 쳐다보다 얼굴에 새똥을 맞은 심정이지 않았을까. 그는 법 없이는 살기 힘들 정도로 성실한 사람이었는데 아쉬움이 컸다. 누군가는 또 그 자리를 맡아 일을 하겠지만 L보다 더 성실한 사람은 구하기 힘들 거라는 생각이 들었다. L의 해고는 머리로는 이해하지만, 가슴으로 받아들이기 어려웠다.

이모작 삶 속에서 내가 터득한 진리 하나가 있다. '손해 보는 삶이 답이라는 사실이다.' 지금까지 살아오는 동안 실수도 많이 했고 주변 사람들을 힘들게 한 적도 많았다. 반성하는 자세로 나를 낮추며 살기로 했다. 아무도 손해 보지 않으려는 세상에 너무 고고한 척하는 건 아닌지 헷갈렸다. 분명한 것은 손해 보면서 살다 보니 싫어하는 사람이 줄어들었다는 점이다. 그렇다고 해서 엄청 손해 보면서 사는 건 아니다. 그것이 일시적인 행동이 아니라는 걸 망각하지 않기 위해 핸드폰에 '손해 보는 삶이 답이다.'는 말을 저장해 놓고 이를 실천하기 위해 노력해 오고 있다.

'오늘 세상이 끝난다 해도 한 그루의 사과나무를 심는다'는 마음가짐으로 정성을 다했다. 상가에서는 직원들이 열심히 근무한다며 개인당 10만 원의 보너스를 줬다. 상인들로부터 보너스를 받는다는 건 흔한 일이 아니다. 그들로부터 인정받았다는 게 싫지 않았다.

퇴근 무렵 해고당했던 L로부터 전화가 왔다. 상가 인근에 있는 음식점에서 만나기로 했다. 약속 장소에서 본 L의 얼굴은 무척 꺼칠했다. 그때까지도 그는 직장을 구하지 못해 힘들어하고 있었다. 마치 태산이라도 무너뜨릴 듯한 긴 한숨을 내쉬는 그를 보자 순간 연민의 정이 내 가슴 속에서 일렁거렸다. "누구나 힘든 시간은 있게 마련이다. 그 시간이 지나면 또 좋은 날도 찾아온다"는 말로 위로 아닌 위로를 했다. 하지만 하루하루가 힘든 날을 보내고 있는 그에게 그런 말이 위로될 턱이 없었다.

문득 오늘 받은 보너스가 생각났다. 10만 원이 든 봉투째로 L에게 건네주며 아내와 식사라도 하라고 했다. 그는 사양하지 않고 고맙다며 받았다. 얼마나 힘들었으면 그랬을까를 생각하니 참으로 잘했다는 생각이 들었다. 보너스는 사라졌지만, 결코 손해를 봤다고 생각하지 않는다. 왜냐하면 L의 마음속으로 들어가 보지는 못했지만, 그는 평생 내게 감사한 마음을 지니고 살 것이기 때문이다. 그는 남한산성이 몇 번이나 옷을 갈아입었지만, 지금도 내게 전화하며 안부를 묻곤 한다. 이는 일시적인 손해가 결코 손해가 아니라는 걸 입증해 준 셈이다.

손해 보는 삶을 산다는 게 쉬운 일은 아니지만, 그렇다고 어려운 일도 아니다. 지금보다 조금 더 이해하고 양보하면 된다. 물질적으로 조금 손해 본다고 하더라도 정신적으로 보상받으면 된다는 생각으로 살면 그건 결코 손해가 아니다. 받는 것보다 주는 게 훨씬 마음이 편하다는 이치를 알면 삶이 즐겁다. 그럼에도 상대방은 손해를 봐도 되고, 나는 손해 보지 않겠다는 이기심 앞에 서면 좋았던 관계는 홍수에 제방 무너지듯 무너지고 만다.

 사실 나는 이런 말을 할 자격도 없는 부끄러운 사람이다. 할 수만 있다면 그런 삶을 살아보려고 발버둥 치고 있다. 그렇다고 해서 그걸 내세우기 위해 하는 값싼 행동은 더더욱 아니다. 손해 보는 삶을 사는 것은 나 혼자만의 다짐이자 실천이고 의지다. 그것은 지난 삶에 대한 부끄러움을 되갚는 일이기도 하다. 오늘도 나는 현재진행형의 이모작 삶, 그 한 모퉁이에 서 있다.

〈수필과 비평 2022년 6월호〉

否認부인하고 싶은 현실

온 대지가 오월의 햇살로 눈이 부시다.
 따사로운 햇살을 받은 연초록 나뭇잎이 하루가 다르게 그 빛깔을 진하게 덧칠하고 있다. 우주의 법칙은 한 치의 오차도 없다. 물고 물리는 세상살이가 긴박하게 돌아가지만, 무심한 세월은 빠르게 흐르는 流星유성처럼 거침이 없다. 그 세월 따라 발걸음하시던 우리 장모님은 청주 S요양원에서 인생의 황혼 녘을 붉게 물들이고 있다.

 일요일인 어제는 어버이날이었다. 어버이날이라 해봐야 이제 신경 써야 할 사람은 장모님뿐이다. 부산했던 어제와 달리 오늘은 무척 한산하다. 어제 찾아뵙지 못해 죄송한 마음을 앞세워 아내와 장모님 면회 길에 나섰다. 고속도로 곳곳에서 아카시아 꽃이 작은 바람에 흔들리며 고운 향기를 풀풀 날렸다. 청주에서 시내버스로 갈아타고 가로수가 아름다운 길을 따라 요양원에 도착했을 때는 점심때가 훌쩍 지나 있었다.

　면회를 신청하고 기다리다 보니 장모님이 휠체어를 타고 나오셨다. 코로나 여파로 못 뵌 지가 2년을 훌쩍 넘겼다. 그 세월이 혼자 걷지도 못할 정도로 장모님의 육체를 망가뜨렸다. 면회 장소도 없어 출입구 자동문을 사이에 두고 비대면 면회를 했다. 장모님은 삭정이처럼 뼈만 앙상했다. 그래서 낯설었다. 눈엔 초점도 없었다. 처가에 가면 "김 서방 왔는가?"라며 그렇게 반겨주시던 장모님이 날 알아보지 못했다. 처음엔 뭔가 알아보기라도 하듯 빤히 쳐다보기에 기대하며 지켜봤다. 하지만 그것도 잠시, 언제 그랬느냐는 듯이 강 건너 불 보듯 했다. 사위가 앞에 서 있는 것조차 몰라볼 정도로 무심했다. 우려했던 일이 현실이 되었다. 그런 장모님을 마주 봐야 하는 난 억장이 무너져 내렸다. 무슨 말을 해야 할지 목이 멨다.

　코로나19라는 복병이 직접 대화를 방해했다. 유리문을 사이에 두고 마주 보며 전화 소통을 시도했다. 하지만 그마저 할 수 없을 정도로 장모님의 상태가 나빴다. 복지사의 중재도 소용이 없었다. 면회라는 이름이 무색했다. 정이 많았던 장모님은 말 한마디 나눌 수 없는 목석이 되어 내 가슴을 헤집었다. 치매가 무섭다는 걸 인정할 수밖에 없었다. 아내는 그런 장모님을 상대로 애타게 부르며 눈 맞춤을 시도했다. 하지만 반응이 없는 장모님을 보며 아내는 그만 눈시울을 붉혔다. 아무리 부르고 또 불러도 호두 껍데기같이 주름진 장모님 얼굴에선 표정 변화를 찾아볼 수 없었다. 세상 시름을 다 내려놓으신 듯했다. 그런 장모님을 바라보는 아내의 눈길엔 연민의 정이 가득했다. 면회하는 시간마저 힘들어 하시는 장모님과 정상적인 대화가 될 턱이 없었다. 자식도 알아보지 못하는 장모님 입장에서는 지금 이 자리가 고통이었을 것이다. 아무리 선한 의도를 가진 만남이라 하더라도 장모님의 마음을 제대로 헤아리지 못한다면 그 호의가 오히려 불편할 수도 있다. 그래서 복지사에게 "장모님을 모시고 들어가 편히 쉬게 해드리라"고 부탁했다. 그게 도리라 싶었다. 그렇게 아쉬움 가득한 면회가 끝났다. 앞으로 얼마나 더 이런 만남을 지속해야 할지 생각만 해도 속상하다.

한 동네 사는 내 친구 N도 치매로 힘든 노후를 보내고 있다. 치매 초기 때는 한 말을 반복하거나 사소한 일에도 눈물을 흘렸다. 지금은 나도 몰라볼 정도로 상태가 악화일로에 있다. 친구 아내는 "성격이 온순해 보호하는데 힘들지 않아서 다행이라"고 했다. 복지사의 말에 의하면 장모님 역시 "갓 시집온 새색시처럼 있는 듯 없는 듯 지낸다"고 했다. 내가 어렸을 때만 해도 우리 동네에 치매 환자가 없었다. 그런데 왜 현대인에게 치매가 찾아와 노인들의 삶을 망가뜨리는지 모르겠다. 앞으로 치매와는 가까이하고 싶지 않은데 걱정이다.

늙는다는 것은 인간이 거쳐야 할 가장 숭고한 삶의 과정이다. 65세 이상 인구 10명 중 한 명이 치매를 앓고 있으며, 초고령사회로 진입한 우리나라도 치매 환자가 급격하게 증가하고 있다. 그렇게 보면 고령화 최대의 적은 치매가 아닌가 싶다. 치매는 인간의 이성 상실은 물론, 그 존엄성까지 파괴하는 질병이다. 치매로 고통받는 환자와 그 고통을 감내해야 하는 가족들의 안타까운 현실은 이제 남의 이야기가 아니다. 지금 내가 겪고 있는 일이기도 하다.

장모님이 들어가신 뒤 담당자를 붙들고 이야기를 나눴다. 안타까운 마음에 주저리주저리 하소연만 늘어놓았다. 그래도 어찌하겠는가. '살아 계시는 동안이라도 잘 부탁한다'는 말을 할 수밖에 할 수 없는 것을…. 안타까운 현실을 부정하고 싶었다.

눈을 감고 귀를 막고 살았을 때는 몰랐는데, 막상 뼈만 앙상한 장모님을 뵙고 나니 가슴에 돌덩이 하나를 품고 있는 기분이었다. 눈에 보이지도 않은 코로나바이러스가 인간의 도리마저 막아버렸다고 생각하니 세상이 원망스러웠다. 평소에 더 잘해드리지 못한 게 아쉬움으로 남았다. 늘 후회를 달고 사는 난 참으로 어리석은 사람이다.

소화력이 약해 죽으로 대신 한다는 말에 가슴이 먹먹했다. 두

유 한 상자를 담당자에게 전달하여 "필요할 때 장모님께 드리라"고 부탁했다. 어쩌면 그건 내 마음에 위안을 얻기 위한 행동은 아니었는지도 모를 일이다. 먹고 싶은 것 먹을 수 있다는 사실 하나만으로도 행복이다. 그런 행복을 잊고 사는 난 천하에 바보가 틀림없다. 지금 장모님의 모습이 훗날 내 모습이라 생각하니 현재 진행형의 삶을 어떻게 살아야 할지 가늠할 수 있었다.

　오늘 면회가 장모님을 만났다는 위안을 삼기 위한 얄팍한 행동은 아니었는지 헷갈린다. 면회라는 이름으로 만난 장모님의 모습이 쉽게 잊히지 않는다. 할 수만 있다면 그 현실마저 부인하고 싶다. 그런 내 마음을 달래주기라도 한 듯 요양원을 나서는 순간, 가로수의 나뭇잎은 눈이 부신 햇살에 한층 푸름을 더했다.

〈경기실버신문 2025년 3월 5일〉

도심 속 힐링 사찰

인간은 한없이 나약한 존재다. 그래서 인간은 神신을 찾는다. 자신의 부족함과 나약함을 보상받기 위해서다. 아내와 나 역시 그런 사람 중의 한 사람이다. 그런다고 달라질 것도 없지만 말이다.

유월이 무더위에 지쳐가던 날 아침, 지하철 5호선을 타고 아차산역에서 내렸다. 아차산 영화사에 가기 위해서다. 2번 출구에서 직진하다가 첫 번째 네거리에서 왼쪽으로 가다 보면 완만한 비탈길이 나온다. 비탈길이 끝나는 곳에 자리한 永華寺영화사는 672년(신라 문무왕 12)에 의상대사가 華陽寺화양사란 이름으로 처음 창건했다고 전해지고 있다. 안타깝게도 조선 태조 4년(1395년)에는 이 절의 등불이 궁성에까지 비친다고 하여 산 아래 용마산 기슭 군자봉으로 옮겨졌다. 1907년에 이르러서야 지금 자리로 옮겨오면서 '아차산 영화사'라 불리게 된 것이다. 사찰 이름 앞에

산 이름을 붙이는 것은 동일한 사찰이 많기 때문이다.

사찰 입구에는 일주문이 있다. 一柱門일주문은 사찰로 들어가는 첫 번째 문으로 기둥이 한 줄로 되어 있다는 데서 유래된 말이다. 일주문은 중생의 세계와 부처의 세계를 구분하는 경계 지점이다. 일주문을 통과하면 부처의 세계로 들어섰다는 걸 의미한다. 일주문을 통과하자 경내가 한눈에 들어온다. 도심에 있는 사찰이지만 산속 깊은 암자처럼 적막감이 감돌았다. 하지만 영화사야말로 나만의 기도를 올리거나 사색하기엔 안성맞춤일 거라는 생각이 들었다. 이곳에는 절의 역사만큼 오랜 세월 그 자리를 지켜온 느티나무가 있다. 400년을 살아온 느티나무는 1982년 보호수로 지정되어 오가는 이들의 쉼터 역할을 하고 있다. 둘레가 4미터가 넘는 느티나무는 코고 작은 상처들이 오랜 세월의 흔적을 말해주고 있다. 구멍 난 고목의 몸통엔 시멘트로 덧칠해져 보는 이들을 안타깝게 했다. 따사로운 햇살이 푸르른 나뭇잎에 입맞춤하며 그림자로 남았다. 나뭇가지는 바람을 껴안고 흐느적거리며 춤춘다. 손끝에 닿는 나무껍질에서는 아련한 세월의 흔적이 묻어난다. 신도들은 그늘에 앉아 세월의 강을 건넌다.

일주문 오른쪽에 미륵전이 있다. 소나무향기 그윽한 계단을 따라 올라가다 보면 미륵전과 마주한다. 경내에서 제일 구석지고 가장 높은 곳이다. 오래된 건물 내부로 들어서면 거대한 미륵 석

불입상이 은근한 미소를 지으며 신도들을 반긴다. 오래되어 퇴색된 미륵부처는 소박하기 그지없다. 겉모습만으로는 전혀 영험할 것 같지 않다. 그럼에도 이 미륵부처는 세조가 이곳에서 기도하여 지병을 치유하였다는 靈驗영험 있는 부처다. 그래서인지 요즈음도 이 미륵불에 기도하기 위해 신도들의 발길이 끊임없이 이어지는 곳이다. 미륵부처님께 삼배를 올리다 보니 마치 전생의 한 모퉁이에 서 있는 것처럼 느껴졌다.

그곳에서 나와 곧바로 삼성각으로 이동했다. 삼성각은 경내에서 가장 오래된 건물이다. 그러다 보니 현판도 알아보기 힘들 정도로 퇴색했다. 그 무엇도 세월을 감당하기에는 버겁다는 걸 실감하는 순간, 지나간 세월의 그림자가 아롱거렸다. 아내와 난 삼성각에 들려 삼배를 올리고 나와 인근에 있는 대웅전으로 향했다.

오늘 법회는 대웅전에서 한다. 바람이 불자 대웅전 처마에 달려있던 風磬풍경이 청아한 소리를 내며 몸을 떨었다. 아직 법회를 시작하려면 한 시간을 기다려야 하지만 미리부터 신도들이 자리를 차지하고 있다. 백발이 성성한 할머니가 대부분이다. 남자는 나를 포함해서 한 손가락으로 꼽을 정도다. 신도들의 모습도 다양하다. 조용히 눈을 감고 염주를 굴리거나 법요집을 읽으며 부처님의 말씀을 새기는 사람도 있고, 부처님을 향해 삼배를 올리는 사람도 있다. 그런가 하면 정성스레 준비해 온 재물을 佛壇불단에 올리는 사람도 있고, 佛錢函불전함에 천 원짜리 지폐 한 장을 넣으며 두 손 모아 기도하는 사람도 있다. 신도들은 주변 사람 눈치 보지 않고 저마다 자연스럽게 행동하지만, 그렇게 소란스럽지 않았다.

10시 정각이 되자 스님이 법회를 시작했다. 경내를 올리는 목탁 소리에 마음이 편안했다. 스님의 염불 소리도 싫지 않았다. 법회가 진행되는 도중에 삼배를 올리는 횟수가 많아졌다. 거동이 불편한 할머니는 태풍에 허리가 꺾인 잡초처럼 몸을 깊숙이 숙였다. 삼배를 올리는 그 모습이 위태로웠다. 할머니는 무엇을 소원하며 그렇게 간절함을 담아 기도드리는 걸까? 그 간절함이 기도 끝에 다다랐으면 좋겠다.

두 시간에 걸쳐 법회가 느린 음악처럼 진행되는 동안 끊임없이 신도들이 들어왔다. 그들의 절제된 몸짓에는 간절함이 묻어났다. 그렇게 보면 이곳 영화사를 찾는 사람들은 저마다 마음속에 소원을 담아 기도한다. 마음속에 소원을 담지 않은 사람은 아무도 없다. 하고 많은 소원을 부처님은 어떻게 다 해결해 주실까? 욕망이 가득한 인간의 소원은 과연 해소될 수 있을까? 그 소원을 해결해 주기 위해 부처님은 또 얼마나 힘이 드실까? 궁금함과 애잔한 마음으로 빙긋이 미소 짓는 부처님을 쳐다본다.

법회가 끝나고 나오자, 옷깃을 스치고 지나가는 바람이 시원하다. 널따란 마당을 지키고 있는 느티나무 옆으로 신도들이 길게 줄을 서 있다. 줄을 서서 기다리다 보니 떡 한 봉지, 사과와 요구르트 하나씩을 나눠줬다. 코로나로 인해 공양 대신 취한 조치다. 일주문을 나서다 뒤를 돌아다보니 영화사야말로 도심 속에 자리한 힐링 사찰이라는 생각이 들었다.

 아차산 자락과 이어진 무성한 숲속에 자리한 영화사는 현대인들의 지친 심신을 달래주는 곳이자 활력을 불어넣어 주는 고마운 곳이다. 오늘 영화사에 머문 시간은 심란했던 내 마음을 평온함으로 가득 채운 시간이었다. 마치 마음이 햄버거를 먹은 속처럼 든든했다. 사찰을 등지고 일주문을 나서는 순간에도 영화사는 아늑한 고향처럼 내 마음을 붙들었다. 솔향 그윽하고 강 내음 바람 타고 찾아오는 영화사는 변함없이 고즈넉한 자태로 침묵하고 있다. 침묵을 깨는 풍경소리, 새소리, 바람 소리가 영화사를 흔들며 맴돌았다.

〈월간문학 2023년 06월〉

일자산 자락에 퍼진 문학의 향기

푸름이 세상 가득한 오월이다. 일자산 자락에도 오월을 가득 품은 늦봄의 기운이 풍성하다. 나뭇잎이 싱그러움을 더해 가는 계절의 길목에서 국보인 들이 한자리에 모였다.

행사장으로 변한 생태 놀이터엔 행사를 알리는 현수막이 걸렸다. 그 왼쪽에는 태극기가 나부끼고, 오른쪽엔 국보문학회를 상징하는 깃발이 행사장임을 말해주고 있다. 시인과 수필가들이 곱게 쓴 글이 나무와 나무 사이에 걸렸다. 작은 바람에도 펄럭이는 시와 수필의 글귀가 문학의 향기를 내뿜는다. 표현의 매력을 발산하던 작품이 지나가는 이들에게 구애의 눈길을 보낸다. 길손들도 예쁜 시 한 편을 읽으며 행복한 미소를 머금는다.

행사장엔 멀리 제주를 비롯하여 부산·대구·대전·강원 등 전국 각지에서 온 국보인 들이 가지런히 모여 앉아 사회자의 안내에 따라 호응하며 분위기를 돋우었다. 이는 국보문학회가 전국적으로 자리 잡았음을 의미하는 지표가 되기에 충분했다. 일취월장하는 국보문학이 성장해 가는 박동 소리가 손에 잡힐 듯이 들렸다.

행사장이 도로 옆이라서 지나가는 차 소리도 들리고 등산객의 이야기 소리도 들렸지만, 참석자들은 개의치 않고 집중했다. 다소 산만해진 분위기를 유도하기 위해 시 낭송이 이어졌다. 대구에서 온 K 시인의 멋들어진 시 낭송은 참석자들의 가슴에 감동이 물결로 넘쳐흘렀다.

"국보문학은 다른 문학단체에서 흉내조차 낼 수 없는 행사를 진행하고 있다"면서 "아무리 힘든 여건이 도래해도 쉬지 않고 뚜벅뚜벅 걸어가겠다"는 이사장의 인사말에 박수갈채가 쏟아졌다. 행사의 격조를 높이기 위해 마련한 케이크 커팅도 참석자들의 공감을 끌어내는 데 일조했다.

우주문학상 시상에 앞서 심사평이 있었다. 좋은 글이란 쓰고 지우기를 반복한 결과라는 사실에 크게 공감했다. 이번 제11회 우주문학상은 Y 수필가의 「여행이 주는 행복」이 수상작으로 선정됐다. 부산에서 온 Y 수필가의 우주문학상 수상에 축하와 격려의 박수가 이어졌다. 상이란 잘했기 때문에 받지만, 앞으로 가능성에 무게를 두고 수여하는 경우도 있다는 사실도 잊지 말아야 할 덕목이다. 앞으로 열심히 글을 쓰겠다는 Y 수필가의 소감에도 따뜻한 박수가 쏟아졌다.

시상식이 끝나고 이어진 시 낭독 시간에는 참석자 전원이 낭독에 동참했다. 시인들은 감정과 리듬을 담아 자작시를 멋들어지게 낭독했다. 시를 낭독할 때마다 고조되는 열기가 일자산 자락을 뜨겁게 달궜다. 특히 마지막 시간에 마련한 행운권 추첨은 참석자들의 마음을 훔치는 데 한몫했다. 참석자들의 관심을 끌었던 시간은 굳이 큰 소리로 말하지 않아도 공감하게 했다. 응모함에서 상품권을 선택한 참석자들은 저마다 환호하며 얼굴에 환한 미소를 듬뿍 담아냈다.

오늘 행사를 위해 보이지 않은 곳에서 애를 쓴 사람들이 있었다. 그들의 수고로움 덕분에 행사가 빛을 더하지 않았나 싶다. 그들에게도 마음에 박수를 담아 고마움을 전한다. 토요일 오후, 일자산 자락에서 치러진 국보인들의 행사가 온 세상을 풍성하게 만드는 출발점이 되었으면 좋겠다. 문학의 향기를 품에 안고 서둘러 귀가하는 작가들의 발걸음이 무척 행복해 보였다.

〈국보문학 2022년 6월호〉

청와대가 개방되던 날의 풍경

오늘은 오월 십 일이다. 오월의 싱그러움이 가슴을 파랗게 물들이던 날이기도 하다. 이날 여의도 국회의사당에선 제20대 대통령 취임식이 거행되고, 대통령의 집무실이었던 청와대는 굳게 닫혔던 문이 활짝 열렸다.

청와대는 서울 중심부이자 구도심인 경복궁 북쪽에 자리하고 있다. 이 터는 고려시대부터 궁궐터로 사용되었다. 조선시대엔 경복궁의 후원이었다. 청와대라는 말이 사용된 것은 윤보선 대통령이 독재와 비극의 상징인 경무대 대신 청와대로 그 이름을 바꾼 이후부터다. 당시 본관 건물이 청기와로 덮여 있었다는 사실에 착안했다고 전해지고 있다. 이곳은 정부수립 후 이승만 초대 대통령으로부터 제19대 문재인 대통령까지 12명의 대통령이 거쳐 간 우리나라 최고 권력의 상징이었다.

친구 K로부터 청와대 관람을 가자는 연락을 받고 한걸음에 달려왔다. 청와대 관람을 위해 사전 신청자만 해도 2만 6천 명에 달한다고 했다. K 덕분에 나도 그중 한 사람이 됐다. 무려 74년 만에 시민 공간으로 돌아온 청와대는 이날 가장 많은 사람을 품에 안았다. 권력의 상징으로 멀게만 느껴졌던 '청기와집'이 넘쳐나는 사람들로 몸살을 앓았다.

그동안 사진이나 TV로만 봐오던 정경이 고향마을처럼 친숙하게 다가왔다. 사람들은 청와대를 둘러보며 추억 담기에 바빴다. 오래 두고 보기 위해 담아두려는 것이다. 엄청난 인파가 잔디광장으로 들어섰다. 그 틈새를 비집고 본관 건물을 배경으로 기념사진을 찍었다. 잘 가꿔진 잔디가 오랜만에 많은 사람과 만났다. 그래서였을까 봄바람이 시원했다.

본관 건물에는 두 명의 경찰이 관람객의 접근을 차단하며 자리를 지켰다. 어디를 가나 사진 찍는 사람들로 넘쳐났다. 비록 건물 내부를 들여다볼 수는 없지만, 사람들은 신이 났다. 다른 사람들보다 먼저 청와대를 관람할 수 있었다는 사실을 즐겼으리라. 사진으로 남기는 일 외에는 사실 본관 건물은 볼 게 없었다. 본관에서 내려다보는 잔디광장엔 사람들이 끊임없이 들어오고 있었다.

본관을 뒤로하고 대통령과 가족이 거주했던 官邸관저로 발걸음을 옮겼다. 관저는 정문에서 가장 높은 곳에 있다. 관저 입구 대문은 굳게 닫혀있고, 옆으로 난 작은 문으로 관람객이 들어가고 나왔다. 관저에는 본채와 손님을 접견하는 별채 그리고 작은 정자가 전부였다. 관저가 크고 정원이 잘 관리되고 있다는 점을 빼면 우리가 살고 있는 집과 크게 다를 게 없었다.

관저를 나와 상춘재로 이동했다. 이동하다 상무대에서 같이 근무했던 후배 C를 만났다. 그곳에서 만나니 반갑기 그지없었다. 관람하다 그를 만날 줄은 꿈에도 몰랐다. 그래서 '죄를 짓고는 못 산다'는 말이 생겼는지도 모르겠다. 우린 다음을 기약하며 서로가 가야 할 곳으로 발걸음을 재촉했다.

상춘재는 2백 년 이상 된 춘양목으로 지은 전통 한옥으로 의전 행사나 비공식 행사를 진행했던 곳이다. 주변 곳곳이 나무와 잘 어울려 경관이 무척 아름다웠다. 장소가 그렇게 넓은 곳이 아니라서 오래 머물 필요도 없었다. 사실 오래 머무는 사람도 없었다.

상춘재 부근에 있는 춘추관으로 발길을 돌렸다. 이곳은 기자회견이나 기자들의 기사 송고실로 사용되었던 건물이다. 춘추관이란 이름은 역사 기록물을 맡아보던 관아인 춘추관·예문춘추관에서 비롯됐다고 한다. 건물을 배경으로 사진을 찍는 사람들이 있었다. 그들을 지켜보는 것도 작은 즐거움이었다. 그럼에도 내부를 들어가 보지 못해 아쉬웠다. 춘추관 앞쪽에 있는 헬기장엔 삼각텐트를 설치해 놓고 관람객이 쉴 수 있는 공간을 마련해 줬다. 그곳에서 쉬며 담소를 나누는 가족들의 평화로운 모습도 눈에 띄었다.

 춘추관이란 익숙한 이름을 뒤로하고 영빈관으로 발걸음을 재촉했다. 이동하던 중에 산책하는 왕과 왕비 행렬을 만났다. 그 모습을 구경하기 위해 행렬을 따라 이동하는 관람객도 있었다. 행렬을 뒤로하고 영빈관에 도착했다. 영빈관은 국빈 방문 시 공연과 만찬 등 공식 행사를 치렀던 장소다. 이곳은 1978년 박정희 대통령 시절 지은 2층 구조의 현대식 건물이다. 100명 이상의 대규모 회의 시 사용하는 공간이기도 하다. 이곳에서 K의 사진을 찍어주고 귀가를 서둘렀다.

 마침, 입구 방향에서 출발하던 농악대와 만났다. 전국에서 온 농악대 기수단이 앞장서고 뒤에는 단원들이 긴 행렬을 이뤘다. 이동 간 꽹과리 소리가 주변을 흔들어 놓았다. 주변에서 관람하던 사람들이 하나둘씩 농악대를 보기 위해 모여들었다.

 다양한 볼거리가 제공되는 청와대에서의 하루는 눈이 호강하는 시간이었다. 내가 그곳을 나오는 순간에도 관람객은 줄을 서서 입장을 기다리고 있었다.

〈3사문학 2022년 제21호〉

晚學徒만학도들의 꿈

꿈은 젊은이들만의 전유물인가. 그렇지 않다는 걸 보여주는 사람들이 있다. 매주 목요일 오후 네 시가 되면 만학도들이 꿈을 펼치는 배움터가 바로 그곳이다. 한국국보문학대학원 강의실에는 백발이 성성한 노인들이 수필 공부에 여념이 없다. 그들의 눈빛엔 도전 의식이 강하게 서려 있다. 배움엔 나이가 걸림돌이 되지 않는다는 걸 증명하고 있다. 삶과 배움은 동전의 양면처럼 불가분의 관계다. 그만큼 우리 인간에게 배움은 중요하다.

한동안 망설여왔던 수필 쓰기 강의를 시작했다. 그동안 몇 군데서 강의 요청이 있었지만, 쉽사리 결정을 내리지 못했다. 수강생들이 교육 후 발표할 수 있는 문예지와의 연결을 고려해야 했기 때문이다. 고민 끝에 국보문학대학원 문을 두드렸다. 『한국문학신문』과 월간 『국보문학』을 발행하고 있어 교육 수료 후에도 작품을 발표할 수 있을 거라는 판단에서였다. 사실 등단으로 끝난다면 이제 문학에 입문한 그들에겐 매우 불행한 일이다. 최소한 등단을 시켰으면 글을 발표할 수 있도록 배려해야 한다. 그것이 등단지가 책임져야 할 과제다.

고맙게도 한국문학신문에 수강생 모집 광고가 크게 활자화되었다. 광고를 낸 지 3일 만에 목표했던 15명이 수강 신청을 마쳤다. 생각했던 것보다 빨리 수강 신청을 마무리했다. 코로나 상황에서 수강 신청이 조기에 마무리되어 걱정거리 하나가 해결됐다.

이날 이후부터는 교육 준비에 정성을 쏟았다. 이왕 시작했으니 최소한 후회 하지는 말자는 생각에서다. 교육이 끝난 후 수강생으로부터 정말 교육다운 교육을 받았다는 이야기를 듣고 싶었다. 그래서 시간이 날 때마다 교육 준비에 올인했다. 준비는 아무리 강조해도 지나침이 없다는 생각에서다. 최소한 수강생들에게 뭔가 손에 쥐여주는 교육다운 교육을 해보고 싶은 나머지 실습 위주의 강의를 고려했다. 그렇게 준비한 게 3개월이다. 나름대로 교육에 차질 없이 준비를 마쳤다는 생각이 들 정도로 신경을 썼다.

3월부터 국보문학대학원에서 수필 쓰기 강의를 시작했다. 6개월 과정으로 24주 교육이다. 강의 기본 교재는 독자들에게 인기리에 판매되고 있는 『초보자를 위한 글쓰기 ABC』로 정했다. 보충 교재로 실습 문제를 만들었다. 수강생들에게 부족한 부분을 뒷받침하기 위한 노력의 일환이었다. 최초 3개월은 글쓰기 기초를 다지고, 3개월 이후부터는 본격적인 수필 쓰기 교육을 진행했다. 기초도 다지지 않고 수필을 쓴다는 게 가당치 않다는 생각에서다. 운동선수가 기초 훈련을 중요하게 생각하는 것과 같은 이치다. 기초를 등한시한 채 응용에 매달린다면 처음에는 글이 늘지 모르나 시간이 지날수록 제자리걸음을 할 수밖에 없다. 마치 토끼와 거북이가 경주하는 거랑 마찬가지다. 그래서 기초를 다지는 데 많은 시간을 할애했다. 현재는 16주를 마치고 17주 차 교육을 앞두고 있다. 이제 글쓰기 기초과정을 마치고 본격 수필 쓰기에 매진하고 있다.

고목처럼 곱게 익어가는 만학도들의 열정이 대단하다. 대다수 수강생이 칠순을 넘겼다. 그중에는 팔순을 넘긴 수강생만 해도 네 명이다. 아무리 나이가 많아도 배움에 대한 열정은 식지 않나 보다. 강의 시간에도 딴짓하거나 방해하는 수강생은 없다. 먹이를 눈앞에 둔 백로처럼 주시하는 눈빛이 예사롭지 않다. 호기심 많은 어린아이처럼 질문도 끝없이 이어진다. 그렇게 보면 나이는 숫자에 불과하다는 생각이 든다. 강의실은 수강생들의 교육 열기로 뜨겁다. 이보다 더 열정적일 수는 없다. 사실 나이 많은 수강생들이라 교육 분위기를 망치면 어쩌나 싶었는데 그것은 한낱 杞憂기우로 끝났다. 수업 분위기만큼은 그 어디에도 뒤지지 않을 정도로 좋다. 지도 교수로서 감사할 따름이다. 때로는 "강의 준비를 잘해줘서 고맙다"며 수업 시간에 손뼉을 쳐주는 것은 우리 수강생뿐이지 않을까.

　수업 횟수가 쌓여갈수록 수강생의 글에 대한 감각도 그 깊이가 달라졌다. 그것이 교육에 대한 효과라면 고마운 일이다. 수강생들이 오래도록 기억하는 지도교수로 남을 수 있도록 마음 다그쳐 먹는다. 그것이 수강생들에게 보답하는 길이라 생각하기 때문이다. 어떤 수강생은 "지금껏 자신이 쓴 글이 기본도 모른 채 썼다고 생각하니 낯이 뜨겁다"며, "좋은 교육에 감사하다"는 말도 덧붙였다.

　만학도들의 꿈이 실현되는 그날이 궁금해진다. 오늘도 강의실엔 교수의 설명을 놓칠세라 나이 많은 수강생들의 주름진 표정이 진지하다. 지금 그들은 '꿈은 젊은이들의 전유물이 아니다'는 걸 보여주고 있다.

〈한국문학신문 2022년 7월 13일〉

이런 삶을 살고 싶다

부지런한 시간은 잠시도 멈춤이 없다. 그 시간의 부지런함이 내 삶의 길이를 점점 단축하고 있다. 가만히 생각해 보니 그 시간 속에는 젊은 날의 稚氣치기 어린 행동으로 상대방에게 상처를 주기도 했다. 그런 생각만 하면 마음이 아프다. 그래서 지난 삶을 반성하면서 앞으로 내게 남아 있는 삶은 긍정적인 생각으로 무장하여 이를 실천하려 한다. 그런 현실과 마주할 때마다 내게 남겨진 삶은 어떻게 살아야 할지 생각이 많아진다. 이렇게 생각이 많아 보기는 처음이다. 고민에 고민을 거듭하면서 내린 결론은 보람 있는 삶을 통해 내 황혼 녘을 아름답게 채색하는 일이다. 내 마음 보자기에 그 이야기를 펼쳐놓는다.

세계인권선언문에 따르면 '모든 인간은 태어날 때부터 자유로우며 그 존엄과 권리에 있어서 동등하다'고 명시하고 있다. 그런 인식의 연장선상에서 볼 때 삶에서 가장 중요한 단어는 바로 존중이다. 존중은 부모가 자식에게 주는 가장 위대한 선물이다. 그것은 인간을 가장 가치 있고 소중하게 여기는 마음에서 싹튼다. 모름지기 인간이란 누구나 존중하고 존중받으며 살아야 한다. 중요한 것은 내가 존중받기 위해서는 상대방을 먼저 존중할 줄 알아야 한다는 점이다. 나보다 못난 사람이라 해서 함부로 대하거나 무시해도 되는 건 아니라는 점이다. 그것이 바로 사회생활의 기본이다. 기본이 흐트러지면 그 사회의 질서는 무너진다. 상대방을 존중하는 관계에서만이 행복을 누릴 수 있다. 존중이 없는 곳에서는 불신과 무시, 폭력과 폭언이 난무한다. 나폴레옹은 "인간이 궁극적으로 바라는 것은 존경과 사랑이다"고 했다. 아직 부족하지만, 상대방을 존중하는 마음으로 내게 남겨진 삶의 열정을 담아내고 싶다.

좋은 일을 하고 나면 왠지 기분이 좋아진다. 선행이라는 게 가진 것이 많은 사람만이 하는 행동은 아니다. 물론 가진 게 많은 사람이 어렵게 살아가는 이웃에게 나눔을 실천하는 것도 참으로 좋은 일이다. 하지만 가진 게 없어도 얼마든지 좋은 일을 할 수 있다. 예컨대 공중화장실에서 발을 동동 구르며 힘들어하는 사람에게 순서를 양보하거나 휴지가 필요한 사람에게 휴지를 나눠주는 것도 보기 좋은 일이다. 또 길을 묻는 사람에게 얼굴 가득 미소를 머금고 친절하게 가르쳐 주거나 직접 안내해 주는 것도 썩 괜찮은 일이다. 그리고 폐지를 가득 싣고 힘겹게 끌고 가는 할아버지의 리어카를 뒤에서 밀어주는 것도 좋은 일이다. 그뿐만 아니라 대중교통 이용할 때 자신보다 나이가 많은 사람에게 자리를 양보해 주거나 무거운 짐을 들어주는 것도 아름다운 일이다. 급하게 뛰어오는 사람을 위해 엘리베이터 열림, 장치를 누르고 기다려주거나 건물 출입할 때 뒤에서 오는 사람을 위해 문을 잡아주는 것도 멋진 일이다. 나는 크게 드러나지 않지만 이런 일을 실천하면서 살고 싶다.

현재진행형의 삶 속에서 그 누구도 손해를 감수하며 살고 싶은 사람은 없다. 그런 이유로 손해 보는 삶을 선택하는 것도 어렵지만, 실천하는 것은 더 어렵다. 손해 보는 삶을 위해서는 이기심도, 시간도, 편안함도 다 내려놓아야 한다. 그런 삶이 아름다운 건 그 사람의 바탕에 깔린 선한 마음가짐에서 나오는 태도 때문이다. 사람들은 그런 훌륭한 사람을 두고 질투하거나 비난하지 않는다. 싫어하는 사람이 없다 보니 인간관계망이 더 촘촘해지고 튼튼해진다. 쉽지 않겠지만 손해 보는 삶을 실천하기 위해 핸드폰에 저장해 놓고 잊지 않으려 노력하고 있다. 하루를 마감하며 오늘은 어떤 손해를 보면서 하루를 보냈는지 자성해 본다.

겸손은 상대방을 존중하면서도 자신을 내세우지 않는 태도를 말한다. 겸손은 예로부터 우리의 자랑스러운 미덕이었다. 안타깝게도 언제부턴가 우리의 미덕이 사라져 버렸다. 사람들이 모이는 장소엔 자신이 잘났다고 뻐기는 사람들이 늘어가고 있다. 자화자찬으로 도배하며 넘지 말아야 할 선을 넘는다. 소인배들이 하는 일이란 재산 자랑, 자식 자랑으로 시간 가는 줄 모른다. 꼴불견이 따로 없다. 자신을 높여야만 잘난 사람으로 대우를 받는 줄로 착각한다. 그럼에도 한사코 자신을 낮추며 살아가는 사람도 있다. 그런 사람에겐 사람 냄새가 진동한다. 자신을 낮추니 주변 사람들이 더 존경하고 존중한다. 자신을 높이면 품격은 낮아지지만, 자신을 낮추면 품격은 올라간다는 진리를 알면 어떻게 살아야 할지 그 해답을 찾을 수 있지 않을까? 그렇다면 나는 지금까지 얼마나 겸손하게 살아왔는지 되돌아본다. 매우 부족했지만, 앞으로의 삶을 위해 겸손 그 길을 가고자 한다.

배려라는 말은 참으로 가슴이 따뜻해지는 단어다. 상대방을 도와주거나 보살펴 주려고 애쓰는 그 마음이 얼마나 고마운 일인지 모른다. 배려는 사소한 관심에서 시작한다. 易地思之역지사지한다는 마음가짐으로 상대방의 처지를 헤아리다 보면 배려의 싹이 튼다. 그런데 일방적이고 지속적인 배려는 처음에는 고맙다고 생각하지만, 시간이 지날수록 그 감각이 무뎌지게 마련이다. 다시 말해서 일방적이고 지속적인 배려는 배려가 아니라 이기적인 행동이라는 것이다. 좋은 관계를 지속하고 싶다면 가끔은 주고받는 관계를 유지해야 한다. 내가 하는 행동은 배려지만, 다른 사람이 하는 배려는 당연한 행위라고 여겨서는 안 된다. 토마스 웰은 "예의와 타인에 대한 배려는 푼돈을 투자해 목돈으로 돌려받는 일이다"고 했다. 이처럼 배려는 거창한 게 아니다. 나의 작은 배려가 세상을 아름답게 만든다는 사실을 잊지 말아야 하는 이유가 여기에 있다.

배려하는 삶 속에서도 사람들은 꿈꾸며 살아간다. 내게도 마지막 꿈 하나를 가지고 있다. 그것은 생전에 좋은 작품 하나를 남기는 일이다. 지난 30년이 넘도록 글쓰기에 매달리고 있지만, 아직도 그 꿈의 실현은 요원하기만 하다. 책을 15권이나 출간했지만, 내 마음을 만족시켜 주는 작품은 없다. 그래서 지금도 매일 책을 읽고 글쓰기를 반복하고 있다. 하지만 아둔한 내겐 화중지병이다. 그럼에도 그 꿈의 실현을 위해 글쓰기에 매달리고 있다. 설령 그 시간이 나를 배반한다 해도 글쓰기만큼은 그만둘 생각이 없다. 오늘도 난 좋은 작품 한 편을 쓰기 위해 펜을 붙들고 시간을 낚고 있다.

정리해 보면 내가 앞으로 하고 싶은 삶은 존중하고 존중받는 삶이자, 선행하는 삶이고, 겸손과 배려를 앞세운 삶이다. 더불어 내게 남아있는 마지막 꿈을 실현하는 삶이기를 고민한다. 결코 무엇 하나 쉬운 일이 없지만, 정성을 다해 좋은 작품 하나쯤 남기는 작가로 기억되길 소망한다. 나는 오늘도 내 인생의 황혼 녘이라는 캠퍼스에 고운 물감으로 채색한다.

〈문예바다 2023년 여름호〉

남의 일이 아닙니다

지구촌엔 하루가 멀다고 다양한 사건 사고가 발생한다. 그 일이 남의 일이라 생각하며 지낼 때는 마음이 편했다. 그게 내 일이라 생각하는 순간 삶이 힘들어지기 시작했다. 지난 몇 년 동안 코로나가 우리 사회를 혼란 속으로 몰아넣었다. 그럼에도 코로나는 우리 식구를 비껴갔다. 발등에 불이 떨어지고서야 남의 일이라 치부하며 살았던 지난날이 행복이었음을 알았다.

무더위에 지친 매미가 울음을 삼키던 지난 칠월 대전에서 근무하던 아들이 코로나에 걸려 일주일 동안 자가 격리되었다. 남의 일이 내 일로 변하는 순간이었다. 코로나로 사망한 사람들의 모습이 뇌리를 스치자, 별의별 생각이 얽히고설켰다. 처음엔 열도 나고 목도 아프고 몸살감기 기운까지 겹쳐 힘든 시간을 보냈다는 아들의 이야기가 가슴을 후볐다. 다행스럽게도 병원에서 처방을 받아 약을 먹고 치료하다 보니 거짓말처럼 완쾌되었다고 했다.

걱정거리 하나를 내려놓기가 바쁘게 또 다른 걱정거리가 찾아왔다. 이번에는 대구에서 살고 있는 딸이 코로나에 걸려 힘든 며칠을 보냈다. 감기 몸살 기운은 코로나의 독특한 증세인가 보다. 딸은 감기 몸살 기운이 지나자, 설사증세까지 보이며 코로나에 시달렸다. 코로나가 만만치 않다는 걸 보여준 시간이었다. 걱정으로 보낸 하루하루가 자그마치 보름이다. 더디게 발걸음하는 시간 앞에서 마음만 조급했다.

설상가상으로 이번엔 서울 사는 내게 반갑지 않은 코로나가 찾아왔다. 산 너머 산이었다. 초대한 행복은 오지 않고, 초대하지 않은 불행은 한걸음에 달려와 내 마음에 불을 지폈다. 그날은 119문학상 심사를 위해 세종시에 있는 소방청을 방문했다. 심사하면서 가볍게 음료수도 마시고 과자도 몇 개 집어먹었다.

귀갓길에 驛舍역사 찻집에 들러 차도 한잔 마시고, 열차 시간에 맞춰 동료들과 함께 SRT 열차를 탔다. 집에 도착한 뒤부터 약한 감기 기운이 있었다. 별거 아니라는 생각에 그냥 잠자리에 들었다. 아침에 일어나 보니 가벼운 열도 있었다. 증상이 코로나이지 싶었지만, 버틸 만하다는 생각에 그냥 버텼다. 무식함의 극치였다. 다음 날도 비슷한 증상이 계속되었다. 옆에서 지켜보던 아내가 딱한 남편이 안 돼 보였던지 병원에 가보라며 성화다.

아내의 등쌀에 못 이겨 이른 저녁을 먹고 집을 나섰다. 아파트에서 가까운 동네 의원을 찾아 접수하고 기다렸다. 백신을 4차까지 접종했기 때문에 코로나가 아닐지도 모른다고 생각하며 기다리다 보니 내 차례가 왔다. 의사에게 증상을 설명했다. 의사는 코로나가 의심된다며 발열 체크를 했다. 생각했던 것보다 체온계의 수치가 높게 나타났다. 잠시 후 신속항원검사를 받고 코로나 확진을 받았다. 코로나 확진을 받기까지 걸린 시간은 커피 한 잔 마실 시간밖에 걸리지 않았다. 안타깝게도 불길한 예감은 한 번도 비껴가는 일이 없었다. 주사를 맞고 약을 처방받아 병원을 나섰다.

남의 일이라 생각했던 것이 내 일이 되었다는 사실 앞에서 마음이 착잡했다. 무거운 발걸음을 재촉하여 약국에 들렀다. 일반 약은 가까운 약국에서 받았지만, 코로나 치료제인 '팍스로비드'는 지정된 약국에서만 구입할 수 있었다. 지하철을 타고 이동하여 약을 받고 집에 돌아와 곧바로 처방받은 약을 먹었다. 다른 날보다 일찍 잠들었지만, 한 번도 깨지 않고 달콤한 잠을 잤다. 아침에 일어났을 때는 환자라 생각이 들지 않을 정도로 기분이 상쾌했다.

하루가 멀다고 밖으로 나돌고 싶은 마음이 꿈틀댔다. 하지만, 주변 사람에게 피해를 줘서는 안 된다는 생각으로 새장에 갇힌 새가 되어 한 발짝도 나가지 않았다. 아기 새처럼 아내가 주는 음식을 먹고 버텼다. 고마운 아내에게 옮길까 봐 조바심이 일기도

했다. 확진자 판정 이후 하루도 거르지 않았던 걷기 운동도 하지 못했다. 습관처럼 해오던 운동을 하지 못한다는 사실 앞에서 무력감이 찾아왔다. 이번 일을 겪으며 내 마음대로 되지 않는 일이 비일비재하다는 걸 다시 한번 실감했다.

치료라는 이름으로 약을 먹은 이후부터는 그 어떠한 증세도 나타나지 않았다. 환자라는 꼬리표를 달았을 뿐 평소와 동일한 날이 계속되었다. 그래도 약만큼은 꾸준히 먹었다. 그리고 일주일을 보내고 코로나로부터 해방되었다. 밖에 나가지도 못하고 집에서 기다리는 시간은 정말 힘들었다. 사회생활에서 한 발짝 비켜서서 보니 아등바등 살아왔던 날들이 그리움이라는 이름으로 다가왔다.

자가 격리하면서 문학지 편집도 하고 청탁받은 원고도 썼다. 그리고 수필도 썼다. 코로나로 힘은 들었지만, 그 일주일을 무척 보람 있게 보냈다. 그냥 무료하게 보냈다면 정말 아쉬운 시간이 될 뻔했다. 시간이 많아도 아무 생각 없이 살다 보면 그것은 말 그대로 허송세월일 뿐이다.

지난 일주일 동안 세면도 하지 못하고 제대로 씻지도 못했다. 아내에게 피해를 줄 수 있다는 생각 때문이었다. 땀에 찌든 몸에서는 냄새가 진동했다. 일주일 내내 사용했던 이불과 베개, 피복, 수건 등 모든 걸 세탁했다. 쓰레기도 한 번에 모아 버렸다. 샤워하며 비누칠하는 순간마저 행복했다. 마치 세상을 다 갖은 기분이었다. 세상 사는 맛이 이런 건가 싶었다. 평소 하던 일상이 바로 행복이었다. 예전에는 그걸 당연하게 생각했다. 그런 생각만 하면 안타깝다.

지나고 나면 별일도 아닌데 지레 겁을 먹고 불안해하며 지낸 시간이 아쉬움으로 다가왔다. 그렇게 보니 세상에서 일어나는 모든 일이 남의 일이 아니라 바로 내 일이었다. 그 생각 하나만으로도 내가 좀 더 성숙해진 느낌이다.

코로나가 우리네 삶에 큰 상처를 남겼다. 눈에 보이지도 않은 작은 바이러스에 제대로 대응하지도 못하고 속절없이 무너졌다. 만물의 영장이 만신창이가 되었다. 코로나가 인간의 자존심을 무너뜨렸지만, 세상은 그런 인간사에는 아무런 관심도 없다. 우리 인간이 좀 더 겸손하게 살아야 하는 이유다.

지난 일주일은 애정 어린 관심과 정성으로 보살펴 준 아내에게 고마움을 느끼는 시간이기도 했다. 가족이 좋아지는 걸 보니 내가 나이를 먹어가나 보다. 그런 생각만 하면 추운 겨울에 화롯불처럼 금방 마음이 따뜻해진다. 이제 나만 잘하면 만사형통이지 싶다.

지난 시간을 되돌아보니 지구촌에서 일어나는 모든 일이 다 내

일이었다. 남의 일은 없었다. 창문 너머로 보이는 파란 하늘이 무척이나 선명하다. 나는 오늘도 그 하늘에 고운 무지개를 그리는 꿈을 꾼다.

〈3사문학 2023년 제23호〉

물과 꽃의 정원, 세미원

누군가에게 끌리는 것은 그 사람을 좋아하기 때문이지만, 누군가를 좋아하는 마음은 서로 통하는 사람이기 때문이다. 그런 사람들과 세미원에 가기 위해 상봉역에서 경의중앙선 열차로 갈아타고 양수리로 향했다. 빈 좌석이 없을 정도로 열차는 사람들로 붐볐다. 그만큼 즐기는 사람들이 많아지고 있다는 증거다.

함께하는 것만으로도 행복한 세 부부가 만나 나들이에 나섰다. 운길산역에서 내려 두물머리로 향했다. 점심 식사를 하기엔 이른 시간이라서 여유시간을 활용하자는 생각에서다. 파란 강을 옆에 끼고 양산을 받쳐 든 행렬이 길게 이어졌다. 한참을 걸어 도착한 둥우리막대머리엔 사람들이 흔적을 남기기 위해 분주하게 핸드폰에 추억을 담았다. 남는 게 사진뿐이라서 그렇단다.

양수리의 兩水양수는 두 물(두 강)을 의미한다. 두물머리는 북한강과 남한강의 두 물이 합쳐지는 곳이라는 뜻이다. 그곳에는

400년 묵은 느티나무가 古木고목이 되어 세월의 진중함을 알려주고 있다. 비바람에 할퀸 몸뚱이는 폐이고 파여 시멘트로 덧칠했다. 세월의 흔적을 온몸에 안고 당당하게 자리를 지키고 있다. 그곳 주민들의 말에 의하면 이른 아침에 피어나는 물안개가 일품이라고 했다. 과거에는 세미원과 두물머리를 잇는 배다리가 있어 이동하기 좋았다. 배다리는 배를 여러 척 이어 만들었다고 한다. 하지만 지금은 그 흔적만 남아 안타까웠다.

오후에는 세미원에 들렸다. 洗美苑세미원은 물을 보며 마음을 씻고, 꽃을 보며 마음을 아름답게 한다는 의미를 담고 있다. 그래서 세미원을 일컬어 물과 꽃의 정원이라 불린다. 매표소에서 입장권을 구매하여 입장하니 무더위 속에서도 이동하며 구경하고 있는 사람들의 모습이 시야 속에 담겼다.

우린 태극 문양이 그려진 원형의 不二門불이문을 지나 연꽃박물관을 찾았다. 연꽃은 불교가 우리나라에 정착하면서 불상의 座臺좌대나 光背광배에 연꽃 문양을 새겨 넣으면서 자연스럽게 생활 속에 자리 잡았다. 박물관 내에는 단일 테마로 연꽃 관련 생활용품, 음식, 문서 등의 유물을 모아 전시하고 있다. 그렇게 넓은 공간이 아니라서 둘러보는 데, 시간은 오래 걸리지 않았다. 유물을 보며 기록하는 사람도 보였다. 하지만 안타깝게도 3층은 공사 중이라서 관람하지 못해 아쉬웠다.

박물관을 뒤로하고 우리내로 향했다. '우리내'는 압록강과 두만강을 거쳐 한반도 주위를 휘도는 曲水곡수를 말한다. 여기에 그곳을 본떠 만든 곳이 우리내다. 한 발 한 발 내디디며 나라를 생각해 보자는 의미에서 놓은 징검다리다. 그 징검다리를 건너다보면 주변에 장독 분수대가 시선을 붙든다.

장독 분수대는 한강 물이 맑아지기를 기원하는 제단을 상징한다. 한강에서 끌어온 물은 일 년 365일을 상징하는 항아리를 통해 끊임없이 솟아오른다. 우리 조상들은 장독대에서 井華水정화수를 놓고 자식들이 잘되기를 기원했다. 이곳 양수리에서도 삼월 삼짇날이 되면 두물머리의 江心水강심수를 떠서 올려놓고 나라의 안녕과 자식들이 잘되기를 빌었다고 한다. 우린 그 의미를 되새기며 연꽃이 손짓하는 곳으로 발걸음을 재촉했다.

시원하게 펼쳐진 길을 따라 걷다 보니 눈앞에 펼쳐진 전경은 온통 蓮연 천지다. 연밭에는 키가 큰 연잎이 우아한 자태를 뽐내며 작은 바람에도 흔들거리며 어깨춤을 추고 있다. 연잎 사이로 듬성듬성 피어있는 아름다운 연꽃이 사람들의 발길을 붙잡는다. 연꽃을 배경으로 곱게 단장한 포토 존에서 연인들이 손을 꼭 잡고 사진을 찍는 모습은 연꽃보다 예뻤다. 연밭 가장자리엔 어미 오리와 함께 휴식을 취하고 있는 새끼 오리의 모습이 앙증맞다. 그 모습을 놓칠세라 사람들은 너도나도 카메라를 들이댔다.

날씨가 후덥지근하여 조금만 이동해도 땀을 흘려 불쾌지수를 상승시켰지만, 사람들은 발걸음을 멈추지 않았다. 발바닥에선 뜨거운 기운이 차오르면서 우릴 지치게 했다. 그래서 사람들은 世族臺세족대를 찾아 시원하게 흐르는 물에 발을 담그며 더위를 식혔다. 발을 씻는다는 의미로 濯足탁족이라 하는데, 이는 선비들의 피서법의 하나였다고 전해지고 있다. 이곳을 찾은 이들도 이때만큼은 선비가 되었다.

세족대를 지나 洗心路세심로로 들어섰다. 세심로는 마음을 씻는 길이라는 의미를 담고 있다. 길바닥엔 빨래판으로 깔아 세척의 의미를 담았다. 세심원의 외곽지역인 이곳은 사람들의 발길이 뜸해 한가롭다. 세심로를 따라 걷다 보면 모네의 정원이라 일컬어지는 사랑의 연못과도 만날 수 있다. 세심원에서 조용히 사색하며 걸을 수 있는 곳은 이곳뿐이 아닌가 싶다. 사랑의 연못을 뒤로하니 세한정이 나를 불렀다.

歲寒情세한정은 추사 김정희 선생이 유배 생활 중에 제자 이상적 선생에게 그려준 세한도를 공간에 펼쳐 정원으로 조성했다고 한다. 세한정 내에 있는 '송백헌'에는 추사 선생의 생애와 삶의 역정을 보여준 그림 110여 점이 전시 되어있다. 세한도의 뜻을 구현한 세한정은 아름다운 인간관계를 다짐하는 약속의 땅이다. 입구 기둥 오른쪽에는 세한정, 왼쪽에는 약속의 정원이라는 글이 새겨져 있다.

　세미원을 둘러본 사람들은 교각 밑 쉼터에서 저마다 지친 몸을 달래며 휴식을 취했다. 쉼터에서는 주변의 눈치를 보지 않고 끼리끼리 모여 둘러 앉거나 누워 부채질하며 정담을 나눴다. 어떤 이들은 준비해온 음식을 나눠 먹으며 수다를 떨었다. 주변의 분수대에서는 시원한 물줄기가 쉴 새 없이 쏟아져 내리며 한여름의 무더위를 식혔다. 세미원의 아름다운 정경을 담기 위해 사진작가들은 무거운 카메라를 어깨에 메고 순간을 포착하기 위해 무더위와 씨름했다. 그들을 지켜보면서 세상에 쉬운 게 하나 없다는 사실을 실감하는 시간이었다.

　무더위 속에서 보낸 세미원에서의 하루는 많은 것을 생각하게 했다. 특히, 나이가 많아질수록 구경하는 일도 힘들어진다는 사실을 알아가는 하루였다. 하지만 좋은 사람들과 함께한 시간은 고운 추억과 행복을 담금질하는 시간이기도 했다. 우리가 세미원을 나서는 순간에도 뜨거운 햇살은 연꽃 위에 쏟아져 내리며 녹색 잔치를 벌였다.

〈문학시대 2025년 봄호〉

제2부
글쓰기 정년은 없다

할머니 나이 아흔다섯이 되었을 때, 자신이 그린 그림에 시를 접목하여 『아흔다섯의 그림 낙서』라는 시화집을 출간하셨다. 독자들의 반응도 뜨거웠다. 이처럼 아무리 나이가 많아도 글쓰기는 걸림돌이 되지 않는다.

가을을 만나다

세상은 늘 그대로다. 어차피 세상은 인간의 幸不幸행불행 따위에는 관여하지 않는다. 오늘 내 삶의 터전이 위기에 처해도 가을은 눈부시게 찾아올 것이다. 모든 나뭇잎이 꽃이 되는 계절이 바로 가을이다. 그 가을과 만남을 위해 태양이 아침을 깨우는 시간에 집을 나선다. 낯선 곳에 대한 여행은 언제나 설렌다. 오랜만에 느끼는 설렘이어선지 발걸음이 가볍다.

일곱 시가 되자 주름진 얼굴에 세월의 흔적이 덕지덕지 묻어있는 실버들이 사당역 6번 출구에 대기하고 있던 관광버스에 올랐다. 서른여덟 명이 탑승했는데, 단 한 사람도 늦은 사람이 없다. 장교 출신들이 함께하는 여행이라서 그런지 질서가 정연하고 일사불란하다. 상대방을 배려하는 모습조차 아름답다.

계획된 시간에 출발한 버스가 뻥 뚫린 고속도로를 거침없이 질주하기 시작했다. 평소 북적이던 도로가 오늘따라 한산하다. 덕분에 예정된 시간보다 빠르게 목적지인 속리산에 도착했다. 다소 늦어질 거라는 예상과 달리 일찍 도착해선지 오늘 좋은 일이 있을 것 같은 예감이 든다. 버스에서 내리자 먼저 온 관광객들이 큰 소나무를 배경으로 사진을 찍고 있다. 사진을 찍는 그들의 모습이 무척 평화롭다.

속리산을 상징하는 소나무는 1464년 세조로부터 正二品정이품 벼슬을 하사받았다. 그때부터 국내 유일하게 벼슬을 받은 소나무라는 이름으로 오랜 세월 사람들의 무한 사랑을 받고 있다. 세월의 흐름 속에서 태풍에 가지가 잘리기도 했지만, 양반이 된 소나무는 그 아픔까지도 잘 이겨냈다. 산다는 건 뭐가 되었든 고난의 시간을 이겨내야 한다는 걸 보여준다.

600여 년이 넘도록 강풍과 혹한이 주는 시련을 꿋꿋하게 이겨내며 당당한 기개를 잃지 않았다. 소나무는 찾아오는 사람이 누구이든 아무것도 묻지 않는다. 사람들이 찾아올 수 있도록 늘 그곳에 자리하고 있다. 그것은 소나무가 사람들에게 보여준 변함없는 관심이자 애정 표현이다. 우리 일행도 정이품 소나무를 배경으로 사진을 찍으며 그 품격을 닮고자 했다. 간절함이 끝자락에 다다르면 어찌 닮지 않겠는가.

사람들이 가장 좋아하는 소나무는 일 년 내내 푸른 기상과 곧은 절개를 지키며 세월과 함께한다. 소나무라고 해서 다 같은 소나무가 아니다. 이곳은 소나무 중에 으뜸 소나무인 정이품 소나무를 보기 위해 관광객들이 꼭 경유하는 코스이기도 하다. 하지만 그 소나무도 이제 나이가 많아 심한 바람에 상처투성이가 되어 고고한 자태를 잃어가고 있다. 힘에 부쳐 지팡이를 짚고 있는 모습이 안타깝기 그지없다. 세월을 이기는 장사가 없는 건, 인간이나 자연이나 다 같은 모양이다.

보은군에서는 정이품 소나무를 보존하기 위해 정성을 쏟아 붓고 있다. 관리사까지 지정하여 보호할 정도로 애지중지하고 있다. 정이품송도 사람들이 자신을 잘 보살펴주는 줄 아는지 당당함을 잃지 않기 위해 애를 쓰며 버티고 있다. 하지만 살아있는 생명체가 세월을 이기는 건 어불성설이다.

정이품 소나무를 뒤로하고 법주사 방향으로 발걸음을 재촉했다. 얼마 걷지 않아 속리산 자락에 아늑하게 자리 잡은 법주사가 '어서 오라'며 손짓한다. 왼쪽으로 법주사를 끼고 돌아 세조길로 접어들 무렵 山寺산사에서 들려오는 풍경소리가 내 가슴 속에 잠들어 있는 감성을 소환했다. 세조길은 세조가 요양차 복천암으로 순행 왔던 길이라서 붙여진 이름이다.

사람들이 코로나로 힘든 시간을 보낼 때도 가을은 눈이 부시도록 예쁜 모습으로 찾아왔다. 지난여름 무더위에 지친 나뭇잎이 형형색색으로 치장하고 고운 자태를 뽐내고 있다. 이제 임무를 다하고 곡예 하며 떨어지는 낙엽을 보며 감탄사를 쏟아내던 사람들은 가는 길을 멈추고 세상 시름을 내려놓는다. 자연의 신비로움에 경탄하지 않을 수 없다. 이어지는 길은 사람의 마음을 빼앗는 아름다운 가을이 병풍처럼 펼쳐진다. 지나온 길이 너무 아름다워 자꾸만 왔던 길을 뒤 돌아보며 두 눈에 가을을 담는다. 아무리 걸어도 똑같은 풍경이 아니다. 새롭게 펼쳐지는 주변의 정경이 여행의 白眉백미를 이룬다.

사람들이 앞서거니 뒤서거니 하며 목적지로 이동한다. 길 위에 겹겹이 쌓여 뒹굴며 바스락거리는 낙엽의 대화 소리가 들리는 길목엔 가을을 온몸으로 즐기는 사람들로 가득하다. 걷는 이들의 모습도 각양각색이다. 아무 말 없이 앞만 보고 걷는 사람도 있고, 수다를 떨며 걷는 사람도 있지만, 스쳐 지나가는 아름다운 정경을 휴대전화기에 담는 사람도 있다. 지나치는 길마다 아름답지 않은 곳이 없다. 사진 속에 담긴 한 장의 풍경 역시 세상에서 가장 멋진 추억으로 남지 않을까. 가을은 또 그렇게 사람의 마음속에 안기며 추억하나를 보탠다. 사람들은 곱게 단장한 세조길을 병풍 속을 여행하듯 설렘과 따스함으로 채워간다.

단풍으로 가려진 봄과 여름의 흔적을 찾을 수는 없지만 낙엽으로 가득 채운 태평저수지 한쪽에 담긴 하늘은 가을의 정취를 물씬 풍긴다. 이동하다 보면 중간중간에 일행끼리 둘러앉아 간식을 나눠 먹으며 세상에서 가장 행복한 미소를 짓는 사람들과 만날 수 있다. 조급할 게 없는 사람들은 공감 가득한 이야기를 주고받으며 시간이 가는 줄 모른다. 곱게 단장한 나뭇잎 사이로 빨간 햇살이 일렁이고, 하늘에서는 금방이라도 파란 물감이 뚝뚝 떨어질 것만 같다. 그만큼 가을은 우리에게 아름다움을 선물해 준다.

복천암까지는 아직 한참을 더 가야 한다. 하지만 아무리 멀어도 걷다 보면 도착하게 된다. 그게 세상의 이치다. 복천암은 고려 공민왕과 조선 세조가 다녀갔다고 해서 널리 알려진 곳이다. '공민왕은 극락보전에 無量壽무량수라는 편액을 친필로 써서 내렸다. 세조는 이곳에 기거하던 신미 대사를 만나 대법회를 열어 국가의 번창을 빌며 쌀 300백 석과 노비 30구, 전지 200결을 하사했다'는 이야기가 전해지고 있다.

문장대에 오르기 전 마지막 휴게소인 용바위 휴게소에서 우리는 솔잎 막걸리 한잔에 해물파전을 안주 삼아 피로를 풀었다. 바가지요금이 마음에 빗장을 걸게 만들지만, 그 또한 나그네들이 감당해야 할 몫이 아닐까. 작은 바람에도 힘없이 떨어진 낙엽이 술잔에 담겼다. 덕분에 가을을 마시며 기분 좋은 추억을 품었다. 가을 단풍의 멋에 취하고 막걸리 맛에 취하다 보니 가을이 춤을 추고 있다. 오후 햇살을 받은 휴게소 가장자리에 서 있는 나무 그림자가 길게 늘어선다. 하산할 때가 된 것이다.

여름이 떠난 자리를 비집고 들어선 가을이 숨 막히는 아름다움을 안겨준 속리산은 내일이면 또 다른 사람을 맞이하며 아름다운 풍경을 선물해 줄 것이다. 가을이 아름다운 것은 가진 것을 남김없이 내주고 자신을 온전히 불태우기 때문이리라. 그런 가을도 힘에 부치는지 벌거숭이가 되어 가고 있다. 설령 그렇다 하더라도 가을아, 안녕이라고 말하지 마!

〈수필뜨락 2024년 가을호〉

문학상 심사에 관한 小考소고

'**평**가란 말은 현대인의 삶 가장 가까운 곳에 있다'는 말에 공감한다. 그럼에도 가까이하고 싶지 않은데 평가는 이미 내 마음 깊숙이 자리하고 있다. 일방적으로 평가를 받는 게 아니라 나 또한 평가하고 있으니, 평가를 외면하기도 쉽지 않다. 그렇게 보면 평가받고 평가하는 삶은 현대인에게 당연한 일상이 되었다.

문학과 함께해 온 세월이 바람처럼 구름처럼 흘렀다. 그 세월 동안 문학가를 전전하며 글을 쓰고 발표했다. 작품을 발표한다고 해서 좋은 반응을 얻는 것은 아니다. 그럼에도 작가들은 글을 쓰고 발표한다. 때로는 괜찮은 반응을 얻는 경우도 있다. 수많은 문인이 글을 쓰지만 독자로부터 인정을 받는 것은 낙타가 바늘구멍을 통과하는 것만큼 어렵다.

일부이기는 하지만, 어떤 사람은 등단 과정을 거치지 않고 상금을 목표로 글을 쓰는 사람도 있지만, 대다수는 등단 과정을 거친다. 일단 등단하면 공모 부문에 제약을 받는다. 그것이 등단하지 않는 이유다. 문학을 금전과 연계하는 게 잘한 일인가 하는 것은 또 다른 이야기다. 문제는 생계로부터 자유로운 사람은 없다는 데 있다.

작가라면 누구나 좋은 글을 쓰기 위해 노력하지만, 노력한다고 좋은 글이 써지는 건 아니다. 글다운 글을 쓰려면 독서를 많이 해야 한다. 무작정 독서를 많이 하라는 이야기가 아니다. 독서하는 과정에서 모르는 어휘나 좋은 문장은 잘 정리하여 내 것으로 만들어야 한다. 좋은 문장을 인용하더라도 그것을 내 것으로 소화하여 지문 속에 감출 줄 알아야 한다.

작가가 평가를 받는 것은 작품을 발표했을 때나 공모 부문에 자기 작품을 응모했을 경우다. 저서나 작품을 발표했을 때는 독자로부터 평가를 받지만, 공모 부문에 응모했을 경우에는 심사위원으로부터 평가를 받는다.

작가라면 누구를 막론하고 평가로부터 자유로울 수 없다. 일단 발표가 되면 그 글을 읽은 누군가로부터 평가를 받는다. 특히 타인의 작품을 심사하는 기회를 얻기란 쉬운 일이 아니다. 작가라 해서 누구나 심사위원이 될 수 있는 것은 아니기 때문이다. 그만큼 심사위원으로 선발되기란 어렵고도 힘든 일이다. 그래서 평생을 통해 한 번도 심사를 해보지 못한 등단 작가만 해도 90%를 상회한다. 전국적인 규모의 심사인 경우에는 더더욱 그렇다.

 감사하게도 올해, 분에 넘치는 문학상 심사를 했다. 예컨대 동서문학상 · 공직자문학상 · 119문화상 · 병영문학상 · 충성문학상 · 우주문학상 · 청향문학상 등 무려 14회에 걸쳐 심사위원으로 위촉받았다. 주최 측의 요청에 따라 예심에 참여하거나 최종심에 참여하기도 했다.

 심사 방법도 다양하다. 현장에 직접 참여하여 심사하는 경우도 있지만, 인터넷을 통해 심사한 뒤, 그 결과를 바탕으로 머리를 맞대고 조율한다. 또, 응모 작품을 책자로 제본하여 심사 위원에게 배포하여 심사한 후 조율하기도 하고, 순전히 인터넷으로만 심사하여 채점표를 발송하는 등 그 방법도 다양하다.

 그 방법이야 어찌 되었든 작품 하나하나를 심사하기란 생각처럼 쉽지가 않다. 심사에서 가장 큰 어려움은 시간 제약으로 작품을 세심하게 들여다볼 수 없을 때다. 그럴 때는 서론과 결론 부분을 읽고 본론으로 확장해서 읽을 것인가를 판단한다. 이때 서론과 결론 부분이 미약하거나 수준이 낮다고 판단될 때는 그 작품을 일단 제외한다. 시간이 허락하면 다시 검토하기도 하지만 ….

 물론 서론과 결론 부분의 글이 매끄럽거나 마음을 잡아끄는 매력적인 글일 경우에는 끝까지 읽고 작품을 평가한다. 서론 부분을 잘 써야 하는 이유가 여기에 있다. 시간적인 여유가 많은 인터넷 심사는 작품을 끝까지 읽고 좋은 작품을 선별한다. 선정된 작품이라 하더라도 다시 한번 읽고 우수한 작품이 채택될 수 있도록 정성을 다한다. 왜냐하면 나 역시 그런 평가 받기 원하기 때문이다. 그것이 심사를 소홀히 할 수 없는 이유다.

또 하나의 문제는 심사위원 개개인의 주관적인 평가로 동일한 작품 심사 시에도 그 결과가 상이하게 나타난다는 점이다. 심사위원 자질이 의심스러울 때는 그런 경향이 더더욱 두드러진다. 가장 우수한 작품을 뽑기 위해서는 각자가 심사한 결과를 가지고 작품성과 주최 측의 의도 등을 고려하여 합의를 끌어내야 한다. 그 과정에서 자기주장이 강한 작가와 만나면 목소리의 톤이 높아지는 일도 벌어진다. 안타깝지만 그게 현실이다.

무릇 심사위원이란 평가를 할 수 있는 자질과 덕목을 갖춘 작가라야 한다. 그렇지 못한 작가가 평가할 때는 옥석을 가려내기가 쉽지 않다. 특히 문학단체에서 시행하는 평가는 대부분 짜고 치는 고스톱이 많다. 그래서 문학상 심사는 형식에 그치고 심사위원은 들러리만 서게 된다. 그런 문학상 심사는 빛 좋은 개살구다.

가장 기억에 남는 심사는 국민체육진흥공단에서 실시한 바우처제도 체험수기 심사다. 이 제도는 저소득가정 자녀에게 매월 9만 5천 원의 상품권을 지급하여 운동을 장려하는 제도다. 한 부모 가정의 엄마는 아홉 살이 되도록 대소변을 가리지 못하는 지체 장애 딸에게 체육 공단의 지원을 받아 승마를 배우는 기회를 잡았다. 승마를 배우는 딸이 잘못될까 봐 가슴을 조이며 지켜보던 때가 엊그제 같은데, 지금은 몰라보게 달라진 딸을 보며 눈물을 흘렸다는 이야기는 참으로 가슴을 먹먹하게 했다.

앞으로 얼마나 심사하게 될지 모르지만, 늘 겸손한 마음으로 글을 쓴 사람의 간절함을 찾아낼 수 있도록 최선을 다할 생각이다. 그것은 정성 들여 쓴 글을 함부로 대하지 않겠다는 다짐이자 양심에 부끄러운 짓은 하지 않겠다는 의미다. 그것이 글을 쓴 사람들을 존중하는 일이기 때문이다.

〈한국전쟁문학 2023년 가을호〉

아내에게 바치는 헌사

億萬劫억만겁이란 천지가 개벽하고 다시 개벽할 때까지의 시간으로 헤아릴 수 없는 무한의 시간을 말한다. 불가에서는 부부의 인연을 억만 겁의 인연이라 한다. 그런 인연으로 아내를 만났다. 그만큼 부부의 인연은 소중하면서도 거룩한 것이다. 부부가 행복하게 살아야 하는 이유가 여기에 있다.

직업군인이었던 난 평생을 함께할 동반자를 만나기 위해 단, 두 번의 선을 봤다. 큰누이가 소개해 준 첫 번째 여인과는 인연이 닿지 않았다. 두 번째 아내와는 서른두 살 때 하숙집 아주머니의 중매로 만났다. 그리고 억만 겁의 인연을 만들었다. 나와 결혼하기 전, 아내는 무려 스물일곱 번이나 선을 봤을 정도로 많은 남성이 선호하는 신붓감이었다. 스물여덟 번째 선을 마지막으로 아내는 내 삶 속에서 가장 많은 시간을 함께하고 있는 사람이다. 마흔 해를 훌쩍 넘기며 그 인연의 깊이를 저울질하고 있다.

울진에서 신혼생활을 하다가 딸을 낳아 강원도 양구로 轉出전출했다. 최전방 사단이다 보니 철책 근무를 해야 했다. 이사한 다음 날 아무것도 모르는 아내와 딸을 두고 전방 지역으로 올라가 근무를 시작했다. 아내는 물설고 낯선 낡은 관사에서 어린 딸과 살았다. 저녁이면 천장에 보금자리를 꾸민 서생원이 돌아다니다 이불에 떨어지는 일도 발생했다. 수은주가 영하권으로 내려가는 날이 계속되면 수도가 결빙되어 단수가 됐다. 궁여지책으로 냇가에서 얼음을 깨고 딸 기저귀를 빨아야 했던 아내는 지금도 그 시절의 가슴 시린 이야기를 들춰내며 추억한다.

봉급날이 되면 백호터널을 지나 양구 주택은행에서 봉급을 찾아야 한다. 이 터널은 경사가 가팔라 눈이 많이 오면 버스에서 내려 도보로 이동한 후 안전한 곳에서 탑승해야 하는 奧地오지 중에서 오지다. 아내는 쥐꼬리만 한 봉급을 찾아 시골에 계시는 부모님께 용돈을 꼬박꼬박 부쳐드렸다. 그리곤 한 달 내내 쪼들리며 살았다. 가끔 들리는 아버님 머리도 깎아드리고 목욕도 시켜드렸다. 어른을 정성스럽게 모시는 마음이 비단결처럼 고왔다. 어른에게 순종하는 아내를 지켜보는 내 마음은 바람결에 흘러가는 구름이 되었다. 지금도 그 시절을 생각하면 고마운 마음에 눈시울이 붉어진다.

아내는 참으로 알뜰한 사람이다. 가난을 달고 살아온 내게 무척이나 고마운 존재다. 불편해도 절약하는 일이라면 몸을 사리지 않았다. 전방에서 아파트 난방은 연탄으로 했다. 그래서 늦가을이면 미리 연탄을 준비해야 했다. 아내는 돈 몇 푼 아끼려고 300장의 연탄을 3층까지 머리에 이고 날랐다. 위관장교 부인들도 안 하는 걸 영관장교 부인이 한 것이다. 퇴근하여 그 말을 듣고 얼마나 가슴이 먹먹했는지 모른다. 무능한 남편을 만난 아내는 그렇게 힘든 삶을 살았다. 아내의 그런 희생이 있었기에 지금처럼 건강한 가정을 유지할 수 있었다.

나는 우리 집 모델이고 아내는 코디다. 생각 없이 옷을 입는 내 버릇 때문에 생긴 일이다. 아내는 복장 때문에 남편이 업신여김 당할까 봐 걱정 하나가 늘었다. 난, 지금껏 옷을 사달라고 이야기 해 본 적이 없다. 때가 되면 알아서 사줬기 때문에 이야기할 필요가 없었다. 아내의 패션 감각은 보통 사람의 수준을 훌쩍 뛰어넘는다. 그 덕분에 가끔이기는 하지만 옷을 잘 입고 다닌다는 이야기를 들었다. 그만큼 아내는 내게 없어서는 안 될 고마운 사람이다.

강산이 네 번이나 변할 정도로 고락을 함께하다 보니 이제는 눈빛만 봐도 상대가 뭘 원하는지 안다. 내 어눌한 행동에서 나타난 문제가 아내의 잔소리로 이어진다. 그 잔소리가 내게 대한 관심이자 사랑이라는 걸 안다. 문제는 그게 습관적으로 반복되다 보니 쉽게 고치지 못하는 나에게 있다. 잔소리 덕에 그나마 잘못된 버릇이 조금씩 고쳐지고 있다. 잔소리를 해주는 사람이 없다면 내 인생은 허점투성이가 될 것이다. 그래서 아내의 잔소리를 가슴으로 느끼며 산다.

'아내의 말을 잘 들으면 자다가도 떡이 생긴다'는 말에 공감한다. 이제까지 삶이 그랬으니 변명할 여지가 없다. 아내를 보면서 늘 그런 생각을 한다. 결혼 전에 선을 많이 봤던 아내가 내가 아닌 다른 사람과 결혼했더라면 지금보다 더 행복했을지도 모른다. 그런 생각을 할 때면 아내의 행복을 가로챈 것만 같아 마음이 무겁다. 오늘도 아내는 三食삼식이를 위해 분주한 하루를 보낸다. 아주 고마운 마음을 담아 이 글을 아내에게 바친다.

〈청향문학 2024년 제2호〉

글쓰기, 停年정년은 없다

할 수 없는 일이 많아진다는 것은 그만큼 나이를 먹었다는 증거다. 그럴 때면 가슴이 먹먹해진다. 노인으로 살아야 한다는 사실을 받아들이는 데 시간이 걸리겠지만, 결국 현실을 외면할 수는 없다. 그렇다고 절망하거나 포기해서도 안 된다. 지금까지 열심히 살아왔듯이 앞으로도 그렇게 살면 된다. 할 일이 줄었다고 흔들릴 필요가 없다. 그럴수록 해야 할 일을 찾아 나서야 한다.

멈추면 죽음뿐이다. 움직이고 변하는 것은 생명을 가진 자의 본능이다. 변화는 자신에 대한 책임감이고 열정이자 애정이다. 설령 그 변화가 잘못된 결과를 가져온다 해도 손가락질 받을 일이 아니다. 아무것도 하지 않으면 아무 일도 일어나지 않는다. 새로운 일에 도전이 두렵다면 그냥 그렇게 살면 된다. 그럴 경우 후회라는 달갑지 않은 단어를 동반하게 될지도 모른다. 변화는 두렵고 어려운 일이지만 삶에 활력을 주는 건 틀림없다. 다만, 자신이 지금 하려고 하는 일이 진짜 원하는 일인지 심사숙

고해야 한다.

　그럼에도 더 나은 미래를 위해 기꺼이 무릎써야 할 일이 있다. 그것이 미래에 대한 투자다. 살아온 삶을 바꿀 수는 없지만, 앞으로의 삶은 내가 원하는 대로 바꿀 수 있다. 원하는 바를 계획하고 실천하는 일이야말로 내가 풀어야 할 숙제다. 해야 할 일이고 하고 싶은 일인데도 결심하는 데 시간이 걸리는 것은 자신이 늘 해오던 익숙한 일이 아니기 때문이다. 앞으로 자신에게 주어진 삶을 잘살아 보고 싶다면 간절함을 담아내야 한다. 그 절박함이 일을 추진하는데 가장 성능 좋은 에너지가 된다. 많이 망설이고 미루다 결정했다면 고민하지 말고, 몰입하자.

　자기 삶에 변화를 추구하는 것이 바로 글쓰기다. 그런 삶을 추구하다 보면 서서히 변하는 자기 모습과 가까이할 수 있지 않을까. 의지는 바람과 같아서 행동이 뒷받침되지 않으면 아무 소용이 없다. 자신을 얽매여 왔던 껍질을 과감하게 벗어 던져야 한다. 온갖 유혹의 손길과 마주하더라도 일단 시작했으면 도를 닦는 수도승처럼 매일 조금씩 실천해야 한다. 살아온 날이 처절하지 않았던 적이 있었던가. 그 처절함이 지금의 나를 만들었다. 글을 쓰다 보면 익숙한 풍경도 다른 시각으로 보게 된다. 처음부터 잘되지 않는다고 힘들어하지 말고, 두려워하지도 말자. 그 고비만 넘기면 새로운 세상이 펼쳐진다. 지금까지 해오던 대로 그 길을 가면 된다. 중요한 것은 글쓰기도 하나의 놀이라는 생각으로 부담 없이 해야 한다.

몇 해 전에 아흔둘이 되신 할머니의 등단을 도와드린 일이 있다. 등단 소감을 말하는 자리에서 할머니는 "나이를 먹다 보니 설렐 일이 없습니다. 그런데 요즈음 내 가슴 속에 큰 파도가 출렁이고 있습니다."며 행복해하셨다. 이처럼 아무리 나이가 많아도 자신이 하고 싶은 일을 하는 것이 행복이다.

할머니 나이 아흔다섯이 되었을 때, 자신이 그린 그림에 시를 접목하여 『아흔다섯의 그림 낙서』라는 시화집을 출간하셨다. 독자들의 반응도 뜨거웠다. 이처럼 글쓰기는 누구나 할 수 있다. 아무리 나이가 많아도 걸림돌이 되지 않는다.

글을 쓰는 것은 설레는 일이다. 지난 세월의 흔적을 글로 적어보는 것도 새로운 삶을 사는 것이다. 그렇게 하기 위해서는 변해야 한다. 변하지 않고 할 수 있는 일은 아무것도 없다.

내가 강의하고 있는 글쓰기 교실에 열다섯 명의 수강생이 있다. 그중에서 여든 살이 넘는 수강생이 네 명이나 된다. 그렇게 열정적일 수가 없다. 그중에서 세 명이 등단하고 한 명이 등단을 위해 열심히 글을 쓰고 있다. 자기 삶에 열정을 담아내는 그들의 모습이 참으로 아름답다.

내가 어렸을 때만 해도 노인들은 담뱃대 꼬나물고 뒷짐을 쥔 채

마을을 어슬렁거리며 무위도식했다. 하지만 지금은 아무리 나이가 들어도 자신이 하고 싶은 일을 찾아서 하는 시대가 되었다. 노인이라는 갑갑한 틀 속에 자신을 가두지 말자.

하루에도 수많은 정보의 홍수 속에 살면서 그 흐름을 따라가기도 벅차다. 그러다 보니 설 자리가 없다. 정년이라는 걸림돌이 사사건건 발목을 잡고 있다. 정년이 없는 건 글쓰기뿐이다. 아무리 나이가 들어도 정신건강만 뒷받침되면 아무런 문제가 되지 않는다. 치매 예방에도 도움이 되는 글쓰기는 노인들에게 최고의 취미생활이 되고 있다. 정년 없는 세상, 그 설렘으로 들어가 보자.

〈한국문학신문 2023년 2월 22일〉

나의 창작 산실에서의 하루

등단하여 글을 써 온 지도 벌써 30년이다. 그 세월 동안 열여덟 권의 저서를 출간했다. 그 원고를 쓰기 위해 긴 세월을 넘나들었다. 내가 창작 산실을 갖게 된 것은 자식들이 분가한 이후부터다. 그동안 거실에서 앉은뱅이 탁자를 놓고 글을 써오다 보니 여간 불편한 게 아니었다. 본격적인 글쓰기는 내 창작 산실이 만들어진 뒤부터라 해도 될성싶다.

창작공간이라 해봤자 그렇게 넓은 공간이 아니다. 기껏해야 책상 하나에 책꽂이, 컴퓨터와 프린터기, 자그마한 옷장, 그리고 침대가 고작이다. 일주일에 몇 권씩 오는 책을 정리할 공간이 부족하다 보니 책이 오면 방바닥에 쌓아 놓는다. 한 달만 지나면 책이 쌓인다. 그럴 때면 아내의 잔소리가 이어진다. 버리기는 아깝고 쌓아두자니 공간이 문제다. 그래서 고민이 깊어진다.

그 공간에 아담한 탁자라도 하나 있으면 찾아오는 손님과 오붓이 차 한 잔의 여유를 즐기며 담소를 나눌 수 있을 텐데 아쉽기 짝이 없다. 그것이 내가 집으로 손님을 초대하지 않는 이유다. 안타깝지만, 그게 내가 감당해야 할 현실이기도 하다. 앞으로도 개선될 여지가 없다.

사실 글을 써봐야 살림에 보탬이 되지 않는다. 그것이 아내로부터 내가 핀잔을 듣는 이유다. 하지만 글쓰기는 내 황혼 녘을 채색하는 한 폭의 수채화다. 누구나가 인정하는 그림처럼 아름다운 글을 써서 세상에 내놓고 싶은데, 생각처럼 쉽지가 않다. 그 꿈의 실현을 위해 오늘도 나는 창작 산실에서 글과 씨름하고 있다.

나는 하루를 협소하지만 내가 좋아하는 나만의 공간인 창작 산실에 칩거하며 지낸다. 그곳에서 하는 일은 비단 글쓰기만 하는 것은 아니다. 책상에 앉아 책을 펼치는 순간 마음속에 자리하고 있던 잡생각은 사라지고, 오롯이 나만의 독서에 몰입할 수 있다. 책은 내게 멋진 여행을 떠나도록 도와주기도 하고, 때로는 무한한 상상력과 창의력을 샘솟게 해준다.

내 창작 산실을 채우고 있는 것은 대부분 글쓰기 책이다. 조금이라도 좋은 글을 써보려는 내 욕심의 찌꺼기다. 그런 책을 가까이 두면 필요할 때 바로바로 꺼내볼 수 있어 좋다. 그럼에도 지금까지 내 마음에 담아둘 만한 작품을 써보지 못해 전전긍긍하고 있다. 독자들에게 느낌표 하나 찍어줄 그런 글을 쓰는 것은 죽는 날까지 해야 할 내게 남겨진 숙제다.

  내가 책상에 앉아 글을 쓸 때는 원고 청탁을 받을 때나 문학지 편집을 할 때가 대부분이다. 그렇다고 해서 책상에 앉으면 글이 술술 써지는 것은 아니다. 주제가 선정되면 자료를 수집하여 설계한 다음 글을 써 내려간다. 그래도 나만의 창작 산실이 있어서 다행이다. 방해받지 않고 글을 쓴다는 것은 누구나 누릴 수 있는 행운이 아니다.

  오늘도 나는 내 열아홉 권째 저서이자 열한 권째 수필집을 출간하기 위해 책상에 앉아 퇴고를 거듭하고 있다. 『아버지, 그 이름의 무게』라는 제목으로 마흔네 편의 수필을 담았다. '글은 쓰는 게 아니라 고치는 것이다'는 말을 스스로 증명하기 위해 많은 시간을 투자하고 있다. 하지만 재주가 없어 제자리만 맴돌고 있는 한심한 글쟁이다. 이번만큼은 그 한계를 벗어나고자 발버둥 치고 있다.

  혹시 아는가. 이 작품이 내 마음을 편안하게 해주는 산파 역할을 해낼지? 그래서 오늘도 나는 퇴고를 거듭한다. 설령 만족할 만한 결과를 얻지 못한다 해도 난, 글쓰기만큼은 포기할 생각이 없다. 나만의 창작 산실에서 글을 쓰는 것만큼 행복한 일은 그렇게 많지 않다. 다른 사람에게는 볼품이 없고 누추한 곳일 수 있지만, 언제나 마음대로 들어와 책을 읽고 글을 쓸 수 있는 나만의 창작 산실이 있다는 사실에 만족한다.

　사실 자신만의 창작 산실이 없어 연말·연초가 되면 인터넷을 뒤지며 입주 작가 공모를 확인하느라 노심초사하는 작가가 의외로 많다. 그렇게 보면 내 창작공간은 비록 보잘것없지만, 내겐 가장 편안한 공간이며, 집필에 집중할 수 있는 곳이라서 좋다. 그 공간에서 큰 상상력을 펼치는 것은 마치 나만의 작은 세계를 만들어 가는 일이기도 하다.

　외출하지 않는 한 난, 창작 산실을 벗어나지 않는다. 하루의 대부분을 그곳에서 보내는 셈이다. 내 마음이 가장 편안해지는 곳이기 때문이기도 하다. 창작 산실에서 글을 쓰고 있는 내 마음은 한가로이 떠 있는 돛단배다.

〈수필문학 2025년 5월호〉

하늘을 우러러 한 점 부끄럼 없기를

하늘을 우러러 한 점 부끄럼 없는 삶을 살아보겠다며 고민하던 시절이 있었다. 고민한다고 그런 삶을 살 수 있다면 좋겠지만 세상살이가 또 그렇게 되는 건 아니다. 하지만 어차피 한 번뿐인 인생 후회 없는 삶을 위해 최선을 다했다. 그럼에도 그런 삶에 도달하지 못했다. 부끄럽지만 지난 칠십 평생의 삶에 흔적이 바로 지금의 내 모습이다.

푸른 제복을 입고 무려 30여 년을 살았다. 그때는 조국과 민족이라는 이름 아래 수많은 불면의 밤을 하얗게 불태웠다. 내 젊음을 고스란히 조국에 바친 난 전역 이후 근 10여 년 동안 건물 관리업에 종사했다. 연륜이 쌓이고 쌓이다 보니 건물 관리에 대한 노하우가 생겼다. 그런 노하우를 바탕으로 아파트입주자대표 선거전에 뛰어들었다. 공정한 선거를 거쳐 입주자대표가 되었고, 입주자동대표 회의를 거쳐 아파트입주자대표 회장으로 추대되었다.

입주자대표회장이 되기 위해 도전한 것은 건물 관리에 아무런 지식도 없는 동대표들이 아파트를 산만하게 관리하는 걸 보고 안타까워서였다. 그들에게 주인의식을 찾을 수 없었다. 그래서 제대로 된 관리를 통해 뭔가 아파트 주민에게 도움을 주고 싶었다. 그 일환으로 아파트대표회장이 된 이후 아파트 게시판에 '단돈 백 원이라도 허투루 쓰지 않고 내 것처럼 아껴 쓰겠다'는 글을 게시했다. 그것은 앞으로 사심 없이 열심히 근무해 보겠다는 나만의 다짐이었다. 그런데 전임 감사이자 신임 입주자대표로 재선된 사람이 시비를 걸었다. "그럼, 전임 대표는 돈을 아껴 쓰지 않고 함부로 썼다는 거냐."라며 구정물을 끼얹었다. 그러면서 "그 말을 취소하고 사과하라"며 물고 늘어졌다. 관계를 이끌어 가는 것은 기본적으로 상호 간의 의사와 이를 조정하는 합리적인 의사소통에 있다. 상대방을 존중하고 배려하는 마음을 휴가 보낸 그를 지켜보며 가슴이 답답했다.

당시에는 월 1회 반상회 제도가 있던 시절이었다. 반상회가 있는 날이면 관리소장과 함께 반상회에 참가하여 주민들의 애로사항도 듣고 담배꽁초나 쓰레기 버리지 않기 운동 전개와 국경일 태극기 달기 운동을 적극 권장했다. 그것이 아파트 인지도를 높이는 일이라 생각했다. 생각했던 것보다 주민들의 호응도 기대 이상이었다.

아파트 관리업체가 계약만료 되어 재계약을 체결했다. 물론 합법적인 절차를 거쳤다. 한 달 정도 지날 무렵, 아파트 관리업체 상무가 찾아와 봉투를 건네며 "얼마 되지 않지만, 식사나 한 번 하라"고 했다. 봉투를 열어보니 50만 원이 들어있었다. 곰곰이 생각하다 관리소장에게 돈을 건네주면서 해당 업체가 준 찬조금으로 정리하라고 지시했다. 관리소장 왈 "회장님 그러시면 안 됩니다. 다른 분들도 생각하셔야지요. 회장님이 그냥 쓰십시오."라며 나를 설득했다. 관리소장의 말에 묘한 뉘앙스가 묻어났지만, 그것까지 탓할 생각은 없었다. 아마 자신의 기준에서 볼 때 내 행동이 마음에 들지 않았던 모양이다. 그럼에도 단호하게 찬조금으로 입금 처리하도록 했다. 결국 그 돈은 아파트 잡수입으로 처리되었다. 물론 돈을 싫어하는 사람은 없다. 하지만 지금까지 돈 문제만큼은 한 점 부끄럼 없이 살아왔는데, 돈 몇 푼 때문에 오점을 남기고 싶지 않았다.

아파트 인지도가 올라가면 좋을 텐데 어찌 된 일인지 동대표들이 사사건건 내게 시비를 걸었다. 설상가상으로 전임 감사를 지냈던 그도 계속 '단돈 백 원이라도 허투루 쓰지 않고 내 것처럼 아껴 쓰겠다'는 말을 취소하고 사과하라고 압박해 왔다. 그게 어디 취소하고 사과할 말인가. 함량 미달자들의 어처구니없는 행동에 스트레스만 쌓여갔다. 그렇지만 아파트를 건강하게 만들고 인지도 높은 아파트를 만들겠다는 약속을 실천하기 위해 순찰하면서 잘못된 부분은 시정하고 미비점을 보완하며 정성을 다했다. 특히 우리 아파트가 좋은 점 열 가지를 만들어 반상회에 참가하여 설명하고 홍보하는 데 앞장섰다. 이와 함께 아파트 지하실에 냉장고·전기밥솥·전자레인지·선풍기·온열기 등 직원들이 개인별로 사용해 오던 것을 동 단위로 통합하도록 했다.

하지만 아무리 의도가 좋아도 혼자서 좋은 아파트를 만들기엔 역부족이었다. 점차 업무의 한계점에 직면했다. 생각이 부족한 동대표들과 더 이상 함께하고 싶지 않아 모종의 결단을 내렸다. 입주자대표회의가 있던 날 동대표들의 이야기와 전임 감사의 말도 안 되는 이야기에 동의해 주었다. 그만두는 입장에서 못해 줄 게 없었다. 입주자대표회의를 마치고 입주자대표회장 자리에서 물러났다. 그날이 입주자대표회장을 시작한 지 만 5개월이 되는 날이었다. 자신들은 하고 싶어도 못 하는 일을 아파트를 위해 앞장서는데 시비를 걸어오는 그들이 안타까웠다. 아파트가 좋아지면 자신들에게도 득이 될 텐데 왜 그걸 이해하지 못하는지 답답했다. 어떻게 된 게 세월에 연륜이 쌓이면 이해와 양보가 앞서야 하는데 오히려 질투와 猜忌시기만 늘어가는 걸까. 혼자만의 푸념이 길게 이어진다.

그동안 모아두었던 입주자대표회장 판공비는 "수고한 직원들에게 선물을 사주라"며 관리소장에게 건넸다. 처음 시작할 때 마음 그대로 단돈 백 원도 개인적으로 처리하지 않고 규정과 원칙에 따라 정당하게 처리했다. 아파트입주자대표 회장에서 물러나니 그렇게 마음이 홀가분할 수가 없었다. 모양새는 좋지 않았지만, 차라리 잘 되었다는 생각이 들었다. 비록 5개월이었지만 아파트를 위해 소신껏 일했다는 사실 앞에서 부끄럽지 않았다.

그로부터 몇 년 뒤에 관리소장으로부터 "선거관리위원을 맡아달라"고 요청해 왔다. 아파트를 위해 도와주기로 하고 입주자동대표를 뽑는 선거관리위원장을 맡았다. 이때 회의할 때마다 5만 원의 수당을 주었다. 선거가 끝날 때까지 세 번의 회의가 있었다. 업무가 끝나던 날 아파트 잡수입으로 처리하라며 15만 원을 관리소장에게 건넸다. 아파트를 위해 봉사하고 싶었던 일이었기에 적은 액수지만, 아파트에 반납했다.

지금까지 살아오는 동안 단 한 번도 남의 돈에 흑심을 품어본 적이 없다. 돈 문제만큼은 하늘을 우러러 한 점 부끄럼 없는 삶을 살았다. 다른 사람들은 내게 '바보같이 살았다'고 할지 모르겠지만 난 지금도 그 삶에 자긍심을 갖는다. 앞으로도 흔들림 없이 그런 삶을 살기를 희망한다. 오늘도 티 없이 맑고 깨끗한 하늘이 병풍처럼 펼쳐져 있다. 그 하늘을 닮고 싶다.

〈국보문학 2023년 4월호〉

추억을 찾아가는 하루

온통 대지는 녹색의 향연이 펼쳐지고 있다. 여름을 알리는 싱그러운 유월에 추억 찾기에 나섰다. 지난 6년여 동안 군 생활을 하면서 피와 땀과 눈물을 흘렸던 양구 방산면을 찾아가기 위해서다. 하남 미사에 사는 전우, C 부부가 마련해 준 일이다. 고맙게도 차량은 물론, 운전도 식사도 그들 부부가 다 준비했다.

지하철 5호선 미사역에는 출근하는 사람들로 활력이 넘쳤다. 우린 그곳에서 아홉 시에 추억 찾기에 나섰다. 이동하는 길목에 서 있는 가로수의 나뭇잎이 아침 햇살을 받아 싱그러운 자태를 뽐냈다. 멀리 보이는 산기슭 군데군데 서 있는 밤나무가 고운 꽃을 피우고 여행자들의 눈길을 붙들었다. 군락을 이루고 있는 나무들도 작은 바람에 하늘거리며 춤을 췄다. 여름이 깊어질수록 나뭇잎은 검푸름을 더했다.

신남을 지나 양구 방향으로 이동하던 중에 哨所초소를 통과해야 한다. 그곳에 도착하면 어김없이 병사들이 탑승자들의 신원을 확인했다. 하지만 교통 통제 임무를 수행했던 주인 잃은 초소엔 자물쇠만이 녹이 슬어가고 있다. 초소에서 내려다보이는 파로호의 풍경은 예나 지금이나 평화롭기 그지없다. 마치 산속에 숨겨놓은 바다처럼 검푸른 물을 가득 품은 채 침묵하고 있다. 우린 주변 그늘진 陣地진지에 자리를 펼쳐놓고 앉아 C 부부가 준비해 온 쑥떡과 달걀, 커피를 마시며 잠시 휴식을 취했다. 이 얼마 만에 누리는 여유로움인지 가늠도 되지 않는다.

초소를 출발하여 이동하는 도중에 신월리 마을에 들려 그곳의 정경을 둘러보기로 했다. 6년여 동안 근무하면서 지나치던 곳이었으나 무엇이 그리 바빠 한 번도 가보지 못했는지 모르겠다. 생각해 보니 그때는 여유를 모르고 살았다. 자연에 묻혀있는 마을은 한 폭의 그림이었다. 이곳에서 생산한 채소류는 풀무원으로 전량 납품될 정도로 무공해 청정지역이란다. 점심때가 다가오지만 마을은 깊은 산속에 있는 庵子암자처럼 적막감이 감돌았다. 그래선지 마을이 무척 한가롭다. 멀리 산 능선에 걸쳐있는 하늘엔 하얀 뭉게구름이 선명하다.

마을에서 벗어나 군부대가 가까워질수록 군용차량 이동이 빈번했다. 군용차량을 보면서 이곳이 부대임을 짐작할 수 있었다. 군복을 입은 병사들을 보자 지난날의 추억이 파도처럼 밀려왔다.

승용차는 그 추억을 찾아 북으로, 북으로 빠르게 질주했다. 양구를 지나 방산으로 이동하기 위해서는 백호터널을 지나야 한다. 이 터널은 경사가 심해 눈이 많이 오면 버스에서 내려 걸어서 이동한 후 안전한 곳에서 탑승해야 했다. 특히 봉급 날 양구에 가려면 반드시 백호터널을 통과해야만 했던 아내는 지난날의 기억을 들춰내며 추억에 젖었다. 그런 백호터널이 평화의 댐 공사 시 고도를 낮춰 2호 터널을 뚫었고, 지금은 3호 터널 공사가 한창이다. 하나의 터널을 3번씩이나 터널 공사를 하는 곳은 백호터널이 유일하다고 한다.

  터널을 넘어서 고방산을 지나자, 우리 부부가 살았던 아파트가 나타났다. 35년 만에 본 아파트는 페인트칠이 벗겨져 행색이 초라했다. 아내는 그 아파트를 핸드폰에 담으며 가슴 시린 그 시절을 김還소환했다. 추억이 필름처럼 지나가자, 그때 그 시절의 기억이 선명하게 떠올랐다. 감동으로 눈가의 주름이 파르르 떨렸다. 지난 시절이 오랜만에 만난 친구처럼 반가웠다. 마음이야 그곳에 머물며 지난 시절의 기억을 들춰보고 싶지만, 잠시도 쉬지 않고 부지런을 떠는 시간이 야속할 뿐이다. 잠시 후 부대 주변(송현리)에서 살고 있는 전우 L을 만나 옛 추억을 더듬었다. 한사코 안겨주는 꿀 한 병을 받아 들고 방산으로 출발했다. 방산에 도착하자마자 내가 근무했던 부대를 찾았다. 있어야 할 부대 막사는 없어지고 그 흔적만 남아 안타까웠다. 그래도 추억은 그곳을 맴돌았다. 아쉬운 마음으로 그곳을 떠나 평화의 댐으로 이동하다 오미리에 살고 있는 전우 R 부부를 만나 지난 시간을 추억했다. 아직도 그곳에서 살고 있는 옛 전우의 주름진 얼굴에서 기억 저편에 잠들어 있던 추억이 새록새록 피어났다.

바쁘게 움직이다 보니 점심시간을 훌쩍 지난 터라 우린 한적한 도로 주변에 자리를 펴고 둘러앉아 때늦은 점심을 먹기로 했다. 가끔 지나가는 차량이 먼지를 일으켰지만, 그 또한 좋았다. C 부부가 준비해 온 돼지 수육과 고추 · 마늘에 된장을 찍어 싼, 상추쌈을 한입에 털어 넣고 볼이 미어터지도록 먹었다. 늦은 점심이기도 했지만, 근래 먹은 음식 중에 단연코 최고였다. 음식에서는 금방이라도 정성이 묻어날 것만 같았다. 감사한 마음을 가슴에 담고 따뜻한 커피 한잔을 마신 후 평화의 댐으로 향했다. 상대방을 먼저 생각하는 C 부부의 넘치는 인간미에 내 무딘 가슴은 감동으로 출렁거렸다. 내가 무슨 복이 많아 이런 대우를 받고 있는지 고마운 마음을 가슴에 담았다.

평화의 댐은 웅장한 모습을 드러낸 채 침묵하며 방문객들을 맞이하고 있었다. 방문객은 그렇게 많지 않았지만, 사람들은 진지한 모습으로 댐 주변을 둘러보며 감탄사를 쏟아냈다. 댐의 웅장한 모습을 배경으로 기념사진을 찍는 이들도 있었다. 평화의 댐은 당시 도로망이 형성되지 않은 첩첩산중이었다. 그래서 도로공사를 병행하다 보니 많은 시간이 소요되었다. 그곳은 내가 근무하던 부대 작전지역으로 당시에는 경계 지원에 어려움이 많았다. 그래서 더 애착이 가는 곳이다.

평화의 댐을 뒤로하고 해산령 정상 터널을 지나자, 낮게 드리운 잿빛 하늘에서 빗방울이 떨어지기 시작했다. 간간이 내리던 비는 화천수력발전소를 지나자, 소나기로 변했다. 비가 내리는 파로호는 물안개를 피우며 한 폭의 풍경화를 그렸다. 시간이 지날수록 폭우를 동반한 날씨는 시계를 100m 이하로 제한했다. 차량 위로 쏟아지는 빗방울 때문에 와이퍼가 좌우로 부산하게 움직였다. 오가는 차량이 도로에 고인 물을 튕기며 퍼포먼스를 펼치는 모습도 장관이었다. 가로수의 나뭇잎은 빗방울과 입맞춤하며 부끄러운 듯 잎사귀를 떨구었다. 부다리터널을 지나자 딴 세상이 나타났다. 비가 한 방울도 내리지 않은 별천지가 따로 없었다. 어떻게 터널 하나를 사이에 두고 그런 조화를 만들어 내는지 우주의 신묘함에 놀라울 뿐이다. 세상의 이치가 바로 이런 게 아닐까 싶었다.

질주하는 시간과 더불어 우리도 귀가를 서두르며 춘천, 가평, 양평을 지나 서울로 향했다. 아침에 출발했던 미사역에서 헤어지기로 했는데, C 부부는 우릴 집까지 태워다 주고 바람처럼 떠났다. 상대방을 먼저 챙기는 C 부부의 배려에 가슴이 먹먹한 하루였다. 따사로웠던 유월의 태양이 서산으로 기울고, 아파트엔 서서히 어둠이 찾아들었다.

〈수필뜨락 2023년 가을호〉

오해가 오해를 부른다

사람이 살다 보면 예기치 않은 문제와 마주한다. 誤解오해도 그중의 하나다. 오해의 사전적 의미는 '그릇되게 해석하거나 뜻을 잘못 알고 있는 경우'를 말한다. 그로 인해 빚어지는 일이 참으로 많다. 예고 없이 찾아온 오해는 사람들을 곤혹스럽게 만든다.

오해가 생기는 이유는 다양하다. 전달자가 표현을 잘못한 경우도 있고, 표현을 제대로 했으나 중간 과정에서 제대로 전달하지 않은 경우도 있지만, 이를 받아들이는 사람이 자신의 편의대로 曲解곡해하는 경우도 있다. 이러한 오해는 제삼자가 개입된 경우가 대부분이다. 인간관계의 중요성이 대두되는 대목이다.

「오해하지 마세요」는 1957년 권영순 감독에 의해 제작된 영화다. 이 영화는 맥주회사에 근무하는 사원이 술값을 받으러 온 술집 마담 때문에 아내에게 발각되어 오해를 사기도 하고, 엘리베이터걸의 지나친 친절로 오해를 받기도 한다. 그런 오해가 얽히

고설켜 시기와 질투가 난무하지만, 쫓고 쫓기는 소란 끝에 오해가 풀린다는 내용의 줄거리다.

이처럼 「오해」를 주제로 한 영화가 제작될 정도로 오해는 사회문제가 되어 온 것도 사실이다. 오해는 단순히 전달자의 의사가 잘못 전해지는 것뿐만 아니라, 전달받은 당사자가 오해를 빌미로, 적대적으로 나서면 문제가 심각해진다. 오해받아서 좋은 일이 생기는 경우는 없다. 왜냐하면 오해야말로 갈등의 씨앗이기 때문이다. 오해하지 않도록 주의해야 하는 이유가 여기에 있다. 하지만 말처럼 쉬이 된다면 그건 세상살이가 아니다.

오해는 가까운 친척관계에서도 발생하기도 한다. 시샘이 많은 제수 씨의 고자질로 가족들이 불편한 관계를 유지했던 기억이 있다. 사실을 그대로 전달하면 되는데, 있는 말 없는 말을 만들어 시어머니께 고자질하다 보니 생긴 오해다. 그런 일이 한 번으로 끝나면 좋은데 그게 습관이 되다 보니 오해가 빈번하게 발생했다. 그래서 말다툼으로 번지기도 했지만, 쉽게 해결되지 않아 스트레스를 받았던 적도 있다. 당사자인 어머니가 중간에서 지혜롭게 대응하면 좋을 텐데, 제수씨 말만 듣고 오해한 나머지 큰 사단을 만들었다. 일방적으로 당하는 당사자는 얼마나 고통스럽겠는가? 그때는 힘들었지만, 지금은 하나의 추억이 됐다.

어머니께서는 100세를 5개월 앞두고 다시는 돌아올 수 없는 무지개다리를 건너셨다. 아흔둘 무렵부터 소변을 제대로 보지 못해 힘들어하셨다. 그래서 요양병원에 모셨다. 그때부터 소변 줄을 달고 살아야 했다. 그런데도 어머니는 자꾸 집으로 가고 싶어 하셨다. 하지만 소변 문제가 해결되지 않아 요양병원에서 벗어날 수 없었다. 그러다 보니 "집에 가지 못하도록 큰아들이 고의로 요양병원에 붙잡아 둔 거라"고 오해하셨다. 아무리 설명해도 소용이 없었다. 오해로 빚어진 일이었지만 어떻게 해볼 도리가 없다. 이처럼 오해란 인간관계의 틈을 만들어 낸다는 걸 알았다.

요양병원에서 생활이 계속되다 보니 어머니 통장을 큰아들인 내가 관리하게 되었다. 통장에 잔고도 몇 푼 되지 않았다. 다만 매월 노령연금 20만 원이 입금되었다. 아내가 가끔 통장을 보여 드리면, "돈이 많이 있었는데 큰아들이 빼갔다"며 역정을 내셨다. "통장에서 출금하면 흔적이 남는다"고 설명해도 소용이 없었다. 결국 가족들에게 통장을 보여주며 해명해야 했다. 어머님이 하늘나라로 소풍 가시는 순간까지도 큰아들은 어머니 돈을 가로챈 아들로 남았다. 참으로 안타까운 일이었지만, 한번 마음에 새겨버린 어머니의 오해를 달리 설득할 방법이 없어 안타까웠다.

아무것도 아닌 일 때문에 가족 간에 불화가 있었던 것은 모두 오해에서 비롯된 일이다. 문제가 생기면 "나는 그렇게 말하지 않앉는데, 그걸 잘못 들은 어머니가 문제"라며 입에 거품을 물던 제수씨의 모습은 아직도 선하다. 그래서 한마디 말을 하더라도 상대방이 오해하지 않도록 조심해야 한다. 오해가 생기면 바로 풀어야 하는데 그 오해가 쌓이다 보니 또 다른 오해를 불러왔다. 어머니와의 오해가 바로 그렇다. 큰아들에 대한 오해를 떠안고 가셨지만, 오늘은 저승에서라도 진심을 받아주셨으면 좋겠다. 가족들이 다 아는 일을 어머니만 오해하고 가셨으니 답답해서 하는 말이다. 이승에서 풀지 못한 오해 이제 내가 무지개다리를 건너는 날 풀어야 할까 보다.

〈대한문학 2025년 봄호〉

멋대가리 없는 사람

부지런한 세월을 따라가다 보니 나도 모르게 古木고목이 되어가고 있다. 나이테가 선명해질수록 멋대가리 없는 사람이라는 말을 줄여야 하는데 오히려 늘어나는 게 아닌가 싶어 불안하다. 그것은 지금까지 내가 재미없이 살아왔다는 증거다. 그 시간을 줄일 수 있다면 줄이고 싶은데 마음처럼 되지 않아 속상할 때가 많다. 그럴 때면 주름살이 늘어나듯 고민도 함께 늘어간다.

롯데 스카이 전망대는 잠실에 있다. 우리나라에서 하늘과 가장 가까이 있는 건물이다. 그런 연유 때문에 서울의 관광 명소가 됐다. 우리 아파트에서 그렇게 멀지 않은 거리에 있는데도 난 아직 가보지 못했다. 마음만 먹으면 언제든 갈 수 있는데도 말이다. 친구들이 롯데 스카이 전망대에서 본 야경이 "장관이다"는 말을 수도 없이 들었다. 그렇게 보면 나도 참으로 딱한 사람이다.

평소 난, 나들이를 즐겨하는 편이 아니다. 그렇다고 특별한 일이 있어서가 아니다. 그것은 천성이 게으른 내 탓이다. 나하고는 달리 아내는 나들이를 좋아한다. 그런데도 함께 해 주지 못했다. 그래서 항상 아내에게 빚을 진 마음으로 살아가는 재미 없는 사람이다. 그렇다고 자상한 성격도 아니다. 마음은 있는데 어딜 쉽게 나서지 못하다 보니 생긴 일이다. 멋대가리 하나 없는 남편이라 해도 할 말이 없다.

그간의 미안한 마음을 털어버리기라도 하듯 아내와 집을 나섰다. 마침, 딸과 아들이 생일날 준 용돈을 쓰지 않고 간직해 오던 터다. 용돈을 핑계 삼아 롯데 스카이 전망대를 올라가 보기로 했다. 주야간 서울의 모습을 볼 수 있으면 좋겠다는 생각으로 잠실에 도착한 뒤 이른 저녁을 먹고 전망대를 찾았다.

월요일이라서 그런지 매표소는 비교적 한산했다. 곧바로 표를 구입했다. 노인이라고 할인도 해줬다. 잠시 기다리는 동안 앞에 서 있던 미국인들이 이야기하는데 무슨 말인지 알아들을 수가 없다. 그냥 멋쩍게 서 있다가 안내원의 안내에 따라 엘리베이터에 탑승했다. 엘리베이터는 미동도 없이 위로 올라가기 시작했다. 지하 1층에서 출발하여 117층까지 1분밖에 걸리지 않았다. 그 높이만 해도 485m에 이른다.

117층에 내렸지만, 특별한 느낌은 없었다. 하지만 창밖을 내려다보니 서울시가 한눈에 들어왔다. 순간 감탄이 절로 나왔다. 감탄사는 이럴 때 쓰는 말이 아닌가 싶다. 사람들이 살고 있는 집이 마치 성냥갑을 쌓아 놓은 것처럼 조그맣게 보였다. 어린이들이 가지고 노는 장난감 같았다. 저녁 무렵이라서 그런지 서울시가 뿌옇다.

동서남북에서 내려다본 서울은 평소 내가 보고 살아온 모습과는 달라도 많이 달랐다. 걸어 다니며 보는 서울은 시야에 겹치는 부분밖에 보지 못하지만, 전망대에서 본 서울은 입체적으로 眺望 조망할 수 있었다. 그렇게 보면 서울은 철저하게 계획된 도시라는 느낌이 들었다.

485m 높이의 유리 바닥에서 내려다보이는 지상은 소름이 끼칠 정도로 아찔했다. 중국 장가계 여행 중에 대협곡에서 마주한 유리 대교나 천문산 귀곡잔도에서 느낌과는 사뭇 달랐다. 짧은 거리지만, 밑을 내려다보니 덜컥 겁이 났다. 그래서 먼 곳을 바라보며 이동했다.

117층에서 123층까지는 에스컬레이터를 이용해야 한다. 한 층, 한층 올라가며 내려다본 서울시가 무척 아름답다. 창가 주변에서 밖을 내려다보는 사람들의 모습이 또 하나의 볼거리를 제공했다. 그 틈새를 비집고 사진을 찍는 사람도 눈에 띄었다. 서울 시민의 젖줄인 한강이 유유히 흐르며 사람들의 마음을 편안케 했다.

겨울엔 어둠이 일찍 찾아든다. 오후 다섯시가 넘어서자, 상가의 점포들이 하나둘 눈을 뜨기 시작했다. 그렇게 눈을 뜬 점포들이 어둠을 몰아냈다. 122층에 도착하자, 세계에서 가장 높은 카페라고 쓰여 있는 하늘 카페가 우릴 반겼다. 그곳에서 아내와 난 차 한잔을 마시다가 불빛을 내뿜으며 질주하는 차량 행렬을 휴대전화기에 담았다.

전망대 방향으로 이동하는 차량 불빛으로 도로가 환했다. 하지만 반대로 이동하는 차량은 꽁무니에 빨간 미등이 길게 이어지며 장관을 이뤘다. 그렇게 작은 불빛이 모여 멋진 조화를 이루며 서울의 아름다움을 연출했다. 사람들이 야경을 선호하는 이유를 알 것 같았다.

123층은 음식을 먹거나 음료를 마시는 사람만 올라갈 수 있다는 말에 122층을 끝으로 내려가는 엘리베이터를 탔다. 사전에 그런 정보를 알았더라면 미리 식사하지 않아도 됐을 텐데 아쉽다.

우리가 그곳을 떠나는 순간에도 사람들은 전망대에 오르기 위해 줄을 섰다. 힐끗 아내의 얼굴을 쳐다보니 표정이 밝다. 순간 멋대가리 없는 사람이라는 말이 떠올랐다.

〈경기실버신문 2025년 3월 5일〉

기억 창고를 노크하다

세월의 수레바퀴가 돌아가면 돌아갈수록 내 기억 창고가 조금씩 녹슬어 간다. 그럴 때 찾아오는 게 건망증과 치매다. 노인에게 "가장 걸리고 싶지 않은 질병이 뭐냐"는 질문에 대부분이 癡呆치매라고 응답했다. 가족도 알아보지 못하는 치매는 현대인에게 매우 무서운 질병이다. 그래서 노인들이 치매에 걸리지 않기 위해 전전긍긍하고 있다. 그럼에도 나이를 먹으면 자연스럽게 따라오는 게 건망증이다. 그렇다면 건망증은 치매와 어떤 관계를 맺고 있는 걸까? 삼촌쯤일까? 아니면 사촌쯤 될까?

건망증이란 일반적으로 일을 잘 잊어버리는 기억장애를 말한다. 젊었을 때만 해도 건망증이라는 말은 나하고 관계가 없는 말이라고 치부하며 살았다. 아니 건망증은 내 삶과 동떨어진 존재였다. 당연히 내 삶에 걸림돌이 되지 않았다. 하지만 나이와 함께 찾아온 건망증은 나를 힘들게 했다. 내 친구들 역시 마찬가지다.

그렇게 보면 그 누구도 건망증으로부터 자유로울 수는 없다. 할 수만 있다면 멀리하고 싶은데 그럴 수 없는 현실이 안타깝다.

내 사관학교 동기생 중에 N이라는 친구가 있다. 대령으로 전역한 친구인데 그만 치매에 걸려 나도 알아보지 못한다. 알아보는 사람은 가족뿐이다. 큰소리치지 않고 조용히 지낸다니 다행이다. 그가 하는 일이라고는 하루 종일 집에서 TV를 보거나 잠을 자는 일이다. 혼자서 밖으로 나갈 수 없다 보니 우물 안 개구리가 되었다. 다람쥐 쳇바퀴 도는 삶에서 벗어날 수가 없다. 스트레스를 받지 않다 보니 혈색이 좋다. 어린아이가 된 그의 모습을 볼 때면 얼마나 마음이 아픈지 모른다.

어느 날 찾아온 건망증은 나를 괴롭히기 시작했다. 처음에는 약속 시간을 놓치는 작은 것에서 출발했다. 그러던 것이 물건을 잘 놓아두고도 쉽게 찾지 못하는 일로 확대되었다. 언젠가는 핸드폰을 손에 들고 찾아 헤맨 적도 있다. 정말 어처구니가 없다. 최근에는 선풍기를 틀어놓고 뉴스를 시청하다가 TV만 끄고 취침하러 들어갔다. 아침에 아내가 혼자 돌아가는 선풍기를 보고 "정신을 어디에 두고 사느냐"며 지청구를 해온 적이 있다. 그것이 한 번으로 끝나면 좋은데 반복되다 보니 문제다. 차분하지 못한 성격 탓에 행복지수가 바닥을 쳤다.

무슨 일이나 차분하게 처리하면 될 텐데, 대충하다 보니 생긴 일이다. 나이가 들면 성격이 차분해져야 하는데 내겐 그마저도 허용이 되지 않는 모양이다. 아내가 외출하면서 "빨래 좀 걷어줘요."라며 아파트를 나섰다. 난 "알았어요."라고 자신 있게 대답했다. 그 당시에는 해야 한다고 생각하는데 돌아서면 금방 잊어버린다. 중요한 것은 잊어버리기 전에 바로 해야 하는데 게으름을 피우다 생긴 일이다. 빨래 걷는 걸 까맣게 잊고 있다가 아내가 들어오면 그때 서야 생각이 난다. '아차 내가 왜 이러는지?' 정말 그런 내가 싫다. 후회해 봐야 이미 엎질러진 물이다. 건망증을 탓할 수 없으니 이를 어쩌나?

건망증에서 벗어나기 위해서는 부단한 자기 노력이 필요하다. 평소 뇌를 자극하는 습관을 기르면서 스트레스를 받지 않도록 해야 한다. 스트레스는 만병의 근원이기 때문이다. 더불어 게으름 피우지 말고, 꾸준한 운동을 병행하려 한다. 운동은 건강을 유지할 뿐만 아니라 삶에 자신감을 느끼게 해주기 때문이다. 특히, 중요한 약속은 메모하거나 스마트폰에 알림 설정을 해놓고 잊어버리지 않기 위해 노력하고 있다.

그 무엇도 노력하지 않고 거저 얻어지는 것은 없다. 건강도 마찬가지다. 노인이 되면 편해지고 싶은 욕구가 시도 때도 없이 요동친다. 편안함에 익숙해지면 인생에 종을 친다. 아무리 힘들고 고통스럽더라도 건강을 챙기는 운동은 끊임없이 반복해야 한다. 혈기가 왕성했던 시절에는 동시에 몇 가지 일을 해도 전혀 문제가 되지 않았다. 그런데 나이가 들어서도 그렇게 일을 하다가는 놓치게 마련이다. 노인이라는 이름으로 사는 순간부터 한 가지 일만 집중해야 하는 이유가 여기에 있다. 어떤 경우에도 건망증과 치매와는 친구가 되고 싶지 않다. 그래서 난, 오늘도 내 기억 창고의 문을 노크한다.

〈모닝선데이 2023년 9월 23일〉

감사에 대한 감정 표현

사람은 누구나 자신만의 감정을 표현할 수 있다. 감정을 효과적으로 표현할 줄 아는 사람은 자신의 마음을 이해하고, 타인과의 관계를 깊게 만들 줄 아는 사람이다. 그중에서도 감사에 대한 감정 표현은 삶을 아주 특별하고 행복하게 변화시키는 능력이다.

'감사는 표현할 때 완성된다'는 말에 공감한다. 감사한 마음만 가슴에 담아두고 표현하지 않으면 아무런 의미가 없다. 아무리 사소한 것이라도 도움을 받으면 감사할 줄 알아야 한다. 작은 것이라고 당연하게 생각하거나 소홀히 생각하는 건 교양인이 취할 태도가 아니다.

어떤 사람들은 살아가면서 감사할 일이 없다고 말한다. 감사가 뭔지 모르는 사람이 하는 말이다. 사람이 살다 보면 하루에도 감사할 일이 많다. 감사함을 느끼지 못하고 살아갈 뿐이다. 하지만 한 번만 겪어보면 안다. 자신이 지금 얼마나 감사한 삶을 살고 있는지를 말이다. 예컨대 다리를 다쳐 걸을 수 없을 때, 자유롭게 돌아다닐 수 있음에 감사하는 마음을 갖는다. 휠체어를 타고 다니는 장애인들이 얼마나 건강한 다리를 갖고 싶었을까를 생각하면 쉽게 이해할 수 있다.

감사는 살아가면서 좋은 점을 깨닫게 하는 힘이다. 그래서 감사할 줄 아는 사람들의 행복도와 만족도가 그렇지 못한 사람에 비해 더 높다. 이렇듯 감사한 마음은 부드러우면서 겸손하고, 너그러우면서 다정다감하다. 그래서 감사한 마음은 어려움에 부닥친 이들에게 삶의 변화를 가져다준다. 매사에 감사하는 마음을 가지면 삶에 혁신이 일어나고 사회는 따뜻해진다.

우리가 너무 당연하게 여기고 살아왔던 모든 것들이 다 감사해야 할 일이다. 감정에도 끌어당김의 법칙이 있다. 그것은 마음이 부정적인 면에 치우치다 보면 사람의 뇌는 부정적인 기억에 더 빠져들어 결국 그 감정에 함몰되고 만다. 그래서 삶이 어렵고 힘들수록 감사를 잊지 말아야 한다.

유튜브에서 소개하는 암 환자 이야기다. 그는 병원에서도 포기할 정도로 병세가 깊었다. 모든 걸 내려놓고 이제 삶을 정리하는 심정으로 지금까지의 삶에 고마운 마음을 담아 감사를 입에 달고 살았다. 하루에 '감사합니다'라는 말을 천 번 반복했다고 한다. 그렇게 수개월을 계속하자 병원에서도 고치지 못했던 암이 말끔하게 치유되었다는 기분 좋은 이야기를 본 적이 있다. 이는 감사하는 마음에서 우러나온 힘이 얼마나 중요한가를 알려준 교훈이다. 감사가 바로 우리 몸에 가장 좋은 치유제인 것이다.

감사는 살아있는 모든 것에 대한 존중하는 마음이다. 그래서 우리 자녀들이 어려서부터 감사하는 마음을 가지고 살아갈 수 있도록 부모들이 모범을 보여야 한다. 부족함 속에서도 풍요로움을 담아낼 수 있는 감사한 마음이야말로 우리의 미래를 건강하고 아름답게 만드는 길이다.

지난해 유월 아내의 권유에 따라 아차산 기슭에 자리하고 있는 영화사에 들러 법회에 동참했다. 행사가 끝나고 "무슨 소원을 빌었느냐"고 물었다. 아내가 말하기를 "특별한 소원을 들어달라고 말하기보다 지금의 삶에 감사하다"고 했다는 아내 말을 듣고 갑자기 부끄러운 마음이 들었다. 그렇다. 아내 말처럼 지금 내가 누리고 있는 삶에 감사할 줄 알아야 한다. 너무 욕심을 부리는 건 결국 상처받을 수 있다.

감사한 마음을 갖기 위해 난, 요즘 아내로부터 배우고 있다. 가만히 지켜보면 아내야말로 감사함을 아는 사람이다. 365일 전화한 통 없는 며느리가 썩 마음에 들지 않지만, 아내는 오히려 부담을 주지 않아 좋다고 한다. 그 이야기를 듣고 보니 그 또한, 감사할 일이라 생각되었다. 그렇게 보니 생각하기에 따라 감사해야 할 일이 생긴다는 걸 터득하게 되었다.

 욕망은 악의 근원이자, 삶을 노예로 만드는 씨앗이다. 비록 완벽하지는 않더라도 나와 함께하는 이들에게 기쁨을 주고 작은 것에 감사하는 마음으로 살아간다면 행복은 우리네 삶 속에서 함께할 것이다. 오늘도 건강하게 생활하면서 무탈하게 하루를 보내는 것만으로도 감사할 일이라는 걸 느낀다. 그러다 보니 하루가 평온하다.

 성장의 첫걸음은 나 자신의 부족함을 깨닫는 감사한 마음에서부터 시작한다는 걸 알았다. 그런 내 마음에 공감이라도 하듯 내리던 비가 그치고 맑게 개인 하늘엔 고운 무지개가 떴다.

제3부
삶은 드라마다

내일이면 괜찮겠지, 모래가 되면 좋아지겠지? 그런 희망을 품고 세월에 속아 여기까지 왔다. 안타깝게도 그런 소망은 언제나 제자리를 맴돌았다. 하지만 언젠가는 먹구름을 뚫고 쨍하고 해뜰 날이 도래하지 않을까 싶다.

순수 덩어리

아기는 세상에서 가장 투명한 순수 덩어리다. 아무런 때가 묻지 않은 순수 그 자체다. 순수하면서도 선한 것이 있다면 그것은 바로 아기가 아닐까 싶다. 그 이름 앞에 서면 아무리 악한 사람이라도 선한 사람이 된다. 그만큼 아기는 신비롭고 경이로운 존재다. 그럼에도 우리 주변에서 아기의 울음소리가 줄어든 것은 대단히 슬픈 일이다.

아기의 조막만 한 얼굴에 담긴 모습은 더 이상 설명이 필요하지 않을 정도로 아름답다. 이보다 더 아름다운 것은 없다. 그 누구에게도 나쁜 감정을 갖지 않는 순수 그 자체다. 아기의 얼굴에서 고즈넉한 산사처럼 고요함이 흐르고, 이를 본 사람들의 얼굴엔 미소가 수채화 물감처럼 번진다. 아기가 웃는 모습은 그 무엇과도 비교할 수 없는 신성불가침이다.

아기의 두 눈은 하늘에서 빛나는 샛별이다. 아니 아침 일찍 일어난 토끼가 먹고 가는 옹달샘이자, 풀잎에 맺힌 영롱한 이슬이다. 똘망똘망한 눈망울은 호수다. 조금만 방심하면 그만 그 눈 속으로 빠져들고 만다. 한 번 빠지면 헤어 나올 수 없다. 새 생명의 위대함은 언제 봐도 아름답고 순수하다.

아기의 입술은 앙증맞은 장난감이다. 시도 때도 없이 먹이를 탐하지만, 움직이는 그 입술 역시 예쁘다. 손에 잡히는 건 그게 뭐가 되었든 입으로 가져간다. 때로는 손도 빨고 옷도 빨지만, 아무것도 가리지 않는다. 그런 아기를 보는 것만으로도 마음이 평온해지면서 행복이 마중한다. 아기 특유의 비릿한 냄새만 맡아도 힐링이 된다.

뽀얀 살결은 그렇게 부드러울 수가 없다. 비둘기 깃털이 그럴까. 아기는 조물주가 빚은 조각상이자 예술품이다. 그 예술품과 마주하는 순간 행복의 기운이 마음속을 가득 채운다. 함께하는 것만으로도 얼굴엔 미소가 머무는 시간이 길어진다. 반짝반짝 빛나는 보석이 이처럼 고울까.

스스로 제어하지 못하는 손으로 자신의 얼굴을 치고 우는 모습은 얼마나 천진난만한가. 오동통한 손은 또 얼마나 예쁜가. 고사리 같은 손을 슬며시 잡으면 놓지 않으려는 듯 힘주어 잡는다. 마치 교감이라도 하듯 감동으로 이끈다. 아기는 뭘 해도 귀엽다. 할 수만 있다면 꽉 깨물어 주고 싶을 정도로 설렌다. 함께하는 순간

순간이 감동이다.

　잠이 든 아기의 모습은 천사다. 그 모습을 보는 순간 평화로움과 따뜻함이 온몸으로 퍼진다. 잠든 모습은 그 어디에서도 보기 힘든 가장 편안한 모습이다. 쌔근쌔근 잠자는 아기의 평화로운 모습은 마음을 안정시키고 스트레스를 잊게 해 줄뿐만 아니라 사랑과 연민을 불러일으킨다. 아기가 잠든 모습을 가까이하면 불확실성이나 두려움을 떨쳐낼 수 있다. 보약을 먹은들 이보다 더 좋을 수 있을까.

　아기의 옹알이 하는 모습은 보기만 해도 기분이 좋아진다. 대꾸라도 할라치면 빤히 쳐다보며 미소를 짓는다. 그저 보고만 있어도 좋아진다. 눈을 떼려야 뗄 수가 없다. 일상에서 보여 주는 순간순간이 경이롭다. 아기는 신이 인간에게 준 최고의 선물이 아닌가 싶다.

　아기의 손짓발짓 하나에 행복이 찾아온다. 자신이 할 수 있는 일은 우는 것밖에 없다. 그럼에도 사람들은 아무도 싫어하지 않는다. 예컨대 버스를 타고 가다 아기가 칭얼대거나 울어도 탓하지 않는다. 그만큼 아기는 우리에게 기쁨과 희망을 안겨 주는 존재다.

　아기는 세상을 이어주는 봄바람이다. 추운 겨울을 이겨내고 찾아온 봄은 희망의 계절이다. 생명력으로 넘치는 봄은 희망을 파종한다. 그 희망이 나라의 동량지재棟梁之材로 성장한다. 그것이 바로 우리가 희망을 소중하게 여기는 이유다. 무한한 가능성을 상징하는 아기는 먹구름을 꿰뚫고 나오는 한 줄기 빛이다.

아기는 우리가 잊고 있었던 많은 것을 일깨워주는 소중한 존재다. 아기와의 상호작용은 잊고 있었던 감정을 불러일으키며 삶의 소중한 순간을 되새기게 한다. 가족 간의 유대감을 갖게 해 줄 뿐만 아니라 배움과 성찰의 기회를 제공하며 삶의 소중한 가치와 의미를 생각게 한다.

하루라는 삶 속에 지쳐있는 내게 아기의 까르륵 웃는 해맑은 모습은 피로감을 말끔하게 씻어준다. 그렇게 보면 아기는 피로를 풀어주는 의사이자 행복을 처방해 주는 천사다. 내 주변에 그런 아기들의 웃음과 옹알이가 함께하는 싱그러운 세상을 꿈꾼다.

〈현대수필 2025년 여름호〉

삶은 드라마다

'**삶**이란 무엇인가'라는 철학적 명제에 많은 이들이 해답을 찾기 위해 노력하고 있다. 그럼에도 그 해답을 찾지 못해 전전긍긍하고 있다. 삶에는 정답이 없기 때문이다. 정답을 찾는데 낭비하는 에너지를 최선을 다하는 삶에 쏟아부어야 하는 이유가 여기에 있다.

삶이란 예측 가능한가? 라는 질문과 마주하다 보면 의문부호 하나가 그려진다. 그렇게 보니 지나온 삶의 길이가 강산을 일곱 번이나 변하게 했다. 오랜 세월을 함께해 오는 동안 삶을 예측할 수 있었던 순간도 있었지만, 정확하게 맞아떨어진 적은 없다. 운세를 보는 관상가들도 과거는 비교적 정확하게 읽어내지만, 미래는 알 수 없다고 한다. 한 치 앞을 예측하기 어렵다는 말은 그냥 하는 말이 아니다. 보이지 않는 미래를 보려고 애쓰기보다는 부부가 함께하는 현재 진행형의 삶에 최선을 다해야 한다.

부부가 애정을 갖고 살다 보면 자연스럽게 생기는 게 자식이다. 자신의 대를 이을 자식에 대한 사랑은 각별할 수밖에 없다. 비록 자신은 못 배워 무식을 달고 살았어도 자식에게만큼은 그 無知무지를 대물림하지 않기 위해 정성을 다한다. 하지만 자식은 그런 마음을 이해하지 못하고 부모의 가슴에 대못을 박는다. 그렇게 보면 자식은 애물단지다. 애물단지와 함께하는 하루하루가 드라마다.

삶은 드라마라는 생각이 들 때면 지인 중에 H 씨가 생각난다. 안타깝게도 그는 일주일 전에 하늘나라로 소풍을 떠났다. 그에게는 아들이 둘 있는데 큰아들은 결혼을 세 번이나 했다. 어찌 된 일인지 하는 일마다 거덜이 났다. 한 푼도 건지지 못하고 빚만 잔뜩 껴안은 채 철장 신세를 지고 말았다. 삶에 시달린 그의 세 번째 아내는 교도소에 있는 남편을 찾아가 이혼 서류에 도장을 받아 관계를 청산한 후 두 딸과 함께 잠적하고 말았다.

그는 부모의 노력 덕에 교도소에서 나올 수 있었다. 어느 날 길을 걷다가 우연히 두 번째 아내를 만났다. 그녀는 딸을 낳아 혼자 키우고 있었다. 헤어질 때는 임신했는지도 몰랐다. 자신도 모르는 딸이라서 병원에서 친자 검사까지 마친 후 두 사람은 극적으로 재결합했다. 남편을 좋아했던 아내도 원하는 일이었다. 그리고 처가의 도움을 받아 일하며 지금은 성공 가도를 달리고 있다.

일찍이 느껴보지 못한 행복을 누리고 있다. 이처럼 삶은 각본 없는 드라마이지만, 한편으론 부부싸움은 칼로 물 베기라는 말에 공감한다.

　부부가 인연이라는 이름으로 만나 살면서 다툼에서 벗어날 수 없다. 성장환경과 교육 수준, 성격이 다른 두 사람이 함께하면서 일어나는 다툼은 이제 일상이다. 다툼이 빈번하게 발생하거나 확대되면 이혼으로 이어지기도 한다. 하지만 대부분의 부부 싸움은 잠시 침체기를 거쳐 칼로 물 베기로 끝난다. 상처가 덧나면 곪아 터지듯이 아무리 사소한 일이라도 다툼의 끝은 있어야 한다. 그러려면 두 사람 중에 한 사람은 그 다툼의 원인을 품을 수 있어야 한다. 그럴 때마다 삶은 고스톱이라는 생각이 든다.

　고스톱은 언제나 이길 수 있는 게임은 아니다. 그렇다고 항상 지는 게임도 아니다. 고스톱판에서 자주 등장하는 運七技三운칠기삼이라는 표현이 적절할지도 모르겠다. 우리네 삶도 마찬가지다. 살아가는 동안 좋은 일이 있으면 어려운 일도 있게 마련이다. 그것이 순리다. 그래서 좋은 일이 생겼다고 좋아할 필요도 없고, 좋지 않은 일이 일어났다고 가슴 아파할 필요도 없다. 돌고 도는 게 세상의 이치이기 때문이다. 고스톱판에서 여백을 찾기란 쉽지 않다.

　그렇다면 인생의 여백은 언제쯤이나 찾을 수 있을까? 결혼하여 신혼의 재미를 만끽할 수 있는 기간은 자식을 낳기 전까지다. 자식을 낳은 날부터는 자식 뒷바라지에 정성을 다한다. 그만큼 부모는 자식 일이라면 정신 줄을 놓는다. 자식 공부시키고, 결혼시킬 때까지 쫓기듯 살아간다. 자식 농사에 내 집 마련이라는 난제를 해결하기 위해 급행열차를 타고 달렸다. 한눈팔지 않고 달려온 세월 속에서 여백을 찾기란 생각처럼 쉽지 않다. 더 늦기 전에 여백을 찾아 여유를 즐기고 싶은데 세상일이 만만치가 않다. 과연 내게 쨍하고 해 뜰 날은 찾아올까?

지금까지의 삶이 비바람 몰아치거나 눈보라 치는 날이었다. 그런 날에 부대끼며 숨 가쁘게 달려왔다. 지치고 힘들 때면 자신의 무능을 탓하며 한숨으로 지새웠다. 내일이면 괜찮겠지, 모래가 되면 좋아지겠지? 그런 희망을 품고 세월에 속아 여기까지 왔다. 안타깝게도 그런 소망은 언제나 제자리를 맴돌았다. 하지만 언젠가는 먹구름을 뚫고 쨍하고 해 뜰 날이 도래하지 않을까 싶다. 왜냐하면 그것이 우주의 법칙이기 때문이다. 나는 오늘도 현재진행형이 삶에 열정의 지수를 더한다.

〈메타문학 2023년 겨울호〉

추석날의 素描소묘

추석은 우리 민족 고유의 최고 명절이다. 어렸을 때만 해도 손을 꼽아가며 추석을 기다렸다. 그날만큼은 좋은 옷을 입을 수 있고, 먹고 싶은 것도 마음껏 먹을 수 있기 때문이다. 골목엔 아이들의 청아한 목소리로 가득했다. 하지만 지금은 명절에 대한 애틋한 마음이 사라졌다. 대신 부담감이 더 크게 작용하는 날로 바뀌었다.

추석이 되면 가장 바쁜 사람은 아내다. 차례상을 차리기 위해 준비해야 할 게 너무 많다. 그러다 보니 아내는 정신이 없다. 옆에서 거들어 주지만 크게 도움이 되지 않는다. 아무리 간소하게 해도 해야 할 게 태산이다. 준비하다 보면 허리 펼 시간이 없다. 친척이라도 와서 도와주면 좋을 텐데 저마다 사정이 있다 보니 그마저도 어렵다. 장남의 아내로 살아야 하는 아내는 다가오는 명절이 반갑지 않을 것이다.

평소보다 일찍 일어나 아내가 준비해 준 음식으로 상을 차리고 차례를 준비했다. 어제 밤늦게 대구에 사는 딸과 사위가 찾아와 함께 차례를 지냈다. 혼자 지내는 것보다 사위가 옆에서 도와주니 마음이 편했다. 아내는 늘 조상님을 모시는 일은 정성이 제일이라며 작은 것 하나에도 함부로 하지 않았다. 그래서 준비하는 것 하나하나에도 최선을 다했다. 나도 그 부분에 크게 공감하는 편이다. 사소한 것 하나에도 허투루 하지 않고 정성을 다하는 아내가 고마웠다. 차례를 지내고 나서도 마음이 편한 이유가 여기에 있다.

차례를 지낸 뒤 식사하면서 아내에게 고마운 마음을 전했다. 사위는 장모님이 만들어 준 반찬이 입에 맞는다며 엄지손가락을 추켜세웠다. 식사 후에는 모두가 아내를 거들어 제기를 닦고 제자리에 원위치시켰다. 남은 음식은 아내와 내가 두고두고 먹어야 한다. 먹는 일도 중요하지만 먹고 난 뒤 처리가 더 힘들다는 건 누구나 다 아는 일이다. 그래서 힘을 합쳐 아내의 설거지를 도왔다. 힘을 합하면 아무리 어려운 일도 힘들이지 않고 할 수 있다. 그게 가족의 위대한 힘이다.

뒤처리가 끝나자, 딸이 영화 보러 가자며 잠실시네마에 예약했다. 음료수와 팝콘을 사 들고 영화관으로 향했다. 영화관엔 먼저 온 관람객이 자리에 앉아 팝콘을 먹으며 이야기를 나누고 있었다. 평소엔 빈자리가 없을 정도였는데 오늘은 한산했다. 허리가 구부러진 할머니가 할아버지의 손을 잡고 자신의 좌석을 찾아 힘겹게 계단을 오르는 모습에 눈길이 갔다. 영화는 강동원 주연의 「천 박사 퇴마 연구소」다. 귀신을 믿지 않는 가짜 퇴마사가 진짜 사건을 의뢰받아 숨 막히게 사건이 전개되지만 그렇게 흥미를 끌지 못해 아쉬웠다.

영화가 끝나고 나오니 추석날 오후를 즐기기 위해 나들이 나온 인파가 롯데월드몰을 가득 채웠다. 질서 없이 오가는 사람 틈새를 비집고 이동하기에 버거웠다. 오전에 차례를 지내고 오후에 이곳을 찾은 사람은 모처럼 가족들과 함께하고 싶은 마음이었을 것이다. 딸의 안내로 노티더라는 가게에 들러 요즘 젊은이들에게 인기라는 생크림 도넛과 컵케이크를 하나씩 사 들고 호수가 내려다보이는 창가에 앉아 여유를 만끽했다. 얼마 만에 느껴보는 여유인지 모르겠다. 하지만 멀리서 보이는 석촌호수의 물이 녹색을 띠고 힘든 자정의 시간을 보내고 있다. 창가에 앉아 있던 사람이 자리를 털고 일어서면 그 자리를 차지하기 위해 사람들은 주변을 서성였다.

롯데월드몰에서 본 엄청난 인파에 놀라움을 금치 못했다. 특히 롯데 전망대를 오르기 위해 줄을 선 사람들은 그 끝이 보이지 않을 정도로 꼬리에 꼬리를 물었다. 소문으로 무성한 전망대에 오르고 싶은 마음이 그들의 인내심을 시험하고 있었다. 건물 밖으로 나오니 따뜻한 햇살이 눈부시게 밝았다. 돌아오는 길은 한가롭기 그지없었다. 고향에 내려간 사람들 때문인지 평소엔 붐비던 도로가 한산했다. 차창 밖으로 보이는 주변의 정경이 정말 평화로웠다. 덕분에 평소보다 빨리 집에 도착할 수 있었다.

추석날 딸 부부와 함께하며 근래 느껴보지 못한 행복감에 젖었다. 작은 것 하나에도 부모를 위해 배려하는 그들의 행동이 고마웠다. 행복이란 많은 돈이 필요한 것도, 좋은 선물이 필요한 것도 아니다. 그저 편한 마음으로 진심을 주고받는 거라는 걸 느끼는 하루였다. 이른 저녁을 먹고 딸은 대구로 내려갔다. 분주했던 추석 하루가 침묵하며 노을을 맞이했다. 밤이 깊어지는 베란다에서 환하게 뜬 보름달을 보며 정성을 담아 소원을 비는 아내의 모습이 한 폭의 그림인 양 곱다.

고향 나들이

무엇이 그리 급해 세월은 쉼 없이 질주하는 걸까? 할 수만 있다면 그 세월 붙잡고 싶은데, 그럴 수 없는 현실이 야속하다. 세월 따라가다 보니 내 나이 벌써 칠순을 훌쩍 넘겼다. 흐르는 세월 속에 두고 온 기억이 있다면 그건 고향에 대한 그리움뿐이다.

내 고향은 전라남도 함평이다. 나비축제로 일약 유명세를 떨치는 곳이기도 하다. 그곳에서 태어나 부모님 보호 아래 초·중학교를 거쳐 고등학교를 졸업했다. 무려 18년 동안 그곳에서 살았으니 내 어렸을 때의 추억이 고스란히 묻혀 있다고 해도 과언이 아니다. 그때까지 난, 한 번도 그곳을 벗어나 본 적이 없는 우물 안 개구리였다.

우리 집은 마을에서도 지대가 가장 높은 곳에 자리하고 있다. 마을 앞쪽으로는 시냇물이 흐르고, 신작로엔 하늘 높은 줄 모르고 자란, 버드나무가 큰 키를 자랑했다. 가을만 되면 넓은 들녘엔

누렇게 익은 벼 이삭이 겸손을 떨며 한껏 고개를 숙이고, 아이들의 참새 쫓는 소리가 허공을 갈랐다. 우리 집은 그야말로 대나무가 사시사철 푸름을 유지한 채 군자의 자부심을 한껏 드러내 보이는 명당 중의 명당이었다.

대나무와 집 사이에 있는 텃밭은 어머니의 정성이 가득한 곳이다. 그곳엔 몸에 좋은 더덕 · 작약 · 천궁 · 당귀 · 어성초 등을 재배하여 가족들의 건강을 챙겼다. 특히 열 그루가 넘는 감나무는 봄이면 좋은 감나무 가지를 얻어다가 접을 붙여 가을이면 굵은 감을 수확했다. 그 감은 자식들이나 친지들에게 나눠주시곤 했다. 어머니의 사랑 가득했던 텃밭엔 건강을 책임지는 식구들의 보고였다.

고향이 생각날 때면 내가 그곳에 두고 온 게 뭘까? 생각해 본다. 그 생각 끝에 다다르면 치열했던 열정과 찬란한 젊음이라는 생각이 겹쳐 들었다. 그렇게 보면 고향은 내 인생의 한 부분으로 자리하고 있다. 하지만 너무 변해버린 고향과 마주할 때면 아쉬움으로 가득하다. 세월이 준 성장통을 겪으며 달려온 고향에 대한 발걸음을 이제는 멈출 수 있지 않을까 싶다.

십일월 첫째 주 일요일을 맞이하여 고향으로 향했다. 서울에 살고 있는 두 동생과 함께였다. 조카가 운전하는 차를 타고 가다 보니 비가 내렸다. 하지만 고향에 도착할 때는 잿빛 하늘이 낮게 드리우고 있었다. 먼저 조부모님 산소에 들러 문안 인사를 올렸다.

이어서 부모님 산소로 이동했다. 산소 주변의 척박한 땅에 뿌리를 내리고 있던 전나무들이 두 팔을 벌려 우릴 반겼다. 주변엔 지난해 베어낸 나무가 볼썽사나운 모습으로 누워 있었다. 우린 부모님 산소에 인사를 올리고 시간을 절약하기 위해 우거진 나무를 잘라냈다. 네 사람이 두 시간 넘게 나무를 자르고 주변을 정리했을 때는 점심시간이 한참 지난 뒤였다. 고맙게도 작업이 끝날 무렵에서야 빗방울이 떨어지기 시작했다.

고향에 왔으니 잠시 집에 둘러보고 싶은 충동을 이기지 못해 추억이 잠들어 있는 집으로 발걸음을 재촉했다. 아무도 살지 않은 집 대문은 녹이 슨 채 굳게 닫혀 있었다. 대문을 밀치자 신음을 내며 힘겹게 열렸다. 예상했던 대로 잡초가 무성했다. 마당이 아니라 온통 풀밭이었다. 입구에서 마루가 보이지 않았다. 이곳이 예전에 마당이었던 곳인지 헷갈렸다.

잡초를 헤치고 토방에 올라서니 균열이 심한 시멘트 바닥을 뚫고 자리를 잡은 나무가 주인행세를 하고 있었다. 마루엔 온갖 낙엽과 먼지가 독차지하여 사람의 흔적을 지웠다. 관리가 되지 않은 집은 이미 폐허가 되어 내 어린 시절의 동심을 짓밟아 버렸다. 어머니의 사랑이 가득했던 텃밭은 대나무가 차지한 채 대지의 정기를 흡수하고 있었다. 대나무는 장독대를 점령하고 그것도 모자라 마당 한쪽을 침범하여 한껏 기세를 올리고 있었다.

안타까운 마음에 하염없이 지난날을 추억하다 보니 마을에 살고 있던 아주머니 한 분이 찾아왔다. "아무도 살고 있지 않은 빈집을 찾아오신 분들은 누구신가요."라며 물었다. 우리를 불법 침입자로 오해하고 묻는 것이었다. 그래서 우린 사정을 설명하여 오해를 풀었다. 도시에서는 이웃과 서먹한 관계를 맺고 사는 게 일반이다.

그런데 시골에서는 이웃을 위해 낯선 사람을 경계하고 확인해 주는 인간미를 느낄 수 있었다. 그 아주머니로부터 흘러나오는 사람 냄새가 내 마음을 기쁘게 했다. 그 관심에 마음을 뺏긴 우린 머릴 숙이며 고마운 마음을 전했다. 내 이웃을 지킬 줄 아는 아주머니의 잔상이 내 기억 속에 머물며 기분 좋은 추억 하나를 새겨 주지 않을까 생각해 본다.

우리가 떠나올 때도 고향은 잿빛 하늘을 낮게 드리우고 간간이 빗방울을 떨어뜨리고 있었다.

〈한국문학신문 2025년 3월 5일〉

내가 펜을 놓지 못하는 이유

한 줄의 문장이 누군가의 삶을 송두리째 바꾸고, 한 권의 책이 인류 역사를 바꾼다는 사실 앞에 서면 글을 쓴다는 것이 얼마나 근사한 일인지 모른다. 그런 생각만 하면 내가 글을 쓴다는 사실이 기쁘기에 한량없다. 곰곰이 생각해 보니 지금까지 내가 글을 써 온 것은 어쩌면 운명이 아닌가 싶다.

운명이라 생각했던 글쓰기는 직업군인이었던 시절에도 나와 함께해 온 고마운 반려자였다. 가는 곳마다 글의 소재였고, 만나는 사람이 글의 소재였다. 그래서 시간이 날 때면,『국방일보』를 비롯하여『합참』지나『육군』지 등에 기고하며 필력을 키웠다. 그런 날들이 이어지던 차에 국방일보 주관 제47회 국군의 날 기념 현상 문예 공모가 떴다. 며칠을 준비하여 응모한「소대장 일기」가 가작으로 당선되는 행운을 얻었다. 이를 계기로 문단에 발을 들여놓았다. 그것이 내 문단 활동의 출발점이다.

문단에서 글을 쓰며 활동해 온 세월만 해도 강산이 세 번이나 변했다. 지난 30여 년 동안 문학이라는 이름으로 많은 글을 발표했다. 그 와중에 내 능력의 한계를 실감하며 좌절의 순간과 만나기도 했다. 그럼에도 글쓰기를 할 때면 물 만난 물고기처럼 힘이 넘쳤다. 열정을 담아낸 끝에 수필집 열 권, 소설집 세 권, 글쓰기 책 두 권 등 열일곱 권의 저서를 출간했다. 많다면 많고 적다면 적은 책이지만 그 책에는 내 혼이 고스란히 담겨있다. 하지만, 안타깝게도 독자들로부터 인정받을 수 있는 글을 쓰지 못해 아쉽다. 그렇다 해도 내 글쓰기는 현재진행형이다.

변함없이 써온 글쓰기는 내 삶의 중심축을 이루고 있다. 주변에서 발생하는 소소한 일에 신경 쓰지 않고 오직 글쓰기에 전념하며 이모작 삶을 살았다. 나이가 아무리 많아도 글쓰기는 정년이 없다는 사실을 피부로 느끼고 있다. 문학에 입문한 이래 한 번도 그 선택에 후회해 본 적이 없을 정도로 글쓰기에 몰입해 왔다. 글을 쓰면서 스트레스를 받기도 하지만, 그것은 그 나름대로 즐기고 있다. 곰곰이 생각해 보면 내 글쓰기의 산물은 끊임없이 고치고 또 고친 결과물이었다. 그 과정에서 내가 터득한 것은 글쓰기는 절대로 그냥 얻어지는 게 아니라는 분명한 사실이다. 세상이 마음먹은 대로 살 수 있다면 걱정할 게 하나 없을 것이다.

살아오면서 느끼는 거지만, 선택에는 정답이 없다. 고민 끝에 내린 선택이라 하더라도 그 선택에 올인하지 못하고 현실과 타협하며 적당히 살았다면, 그것은 잘한 선택이라 할 수 없다. 하지만 잘못된 선택을 했다 하더라도 최선을 다해 극복해 냈다면 그건 선택을 잘했다고 할 수 있다. 그래서 한 번 선택했다면 최선을 다해야 하는 이유가 여기에 있다. 내가 글쓰기를 선택한 이유도 이와 다름없다. 글쓰기를 통해 얻은 보람은 하루하루가 모인 노력의 산물이자 정성 어린 수고의 대가다. 다시 말하면 글쓰기를 선택하여 스스로 쓰고 지우기를 반복하여 얻어진 값진 선물이라는 말이다.

자신의 선택에 따라 많은 글을 써왔지만 내겐 아직 털어놓지 못한 이야기가 있다. 글에 대한 소재가 있는 한 글쓰기를 멈출 생각이 없다. 글쓰기가 내 삶의 원동력이라는 사실 앞에 서면 더더욱 그렇다. 그것이 글쓰기로부터 일탈하기 어려운 이유다. 하지만 내 어휘 실력이 가뭄에 논바닥 드러나듯 드러날 때면 먹은 음식이 체한 것처럼 답답하다. 글쓰기는 꽃을 심어 벌을 유인해야 꿀을 딸 수 있는 것처럼 끊임없이 독서하고 많이 써야 좋은 작품이 탄생할 수 있다. 내 일생 중에서 가장 행복한 시기는 바로 글과 함께하는 지금이라고 자신 있게 말할 수 있다. 내 삶 속에서 이런 평화로움과 느긋함을 느껴보는 것도 지금뿐이라는 걸 온몸으로 실감하고 있다.

지금은 글쓰기 강의를 하면서 새로운 삶을 만끽하고 있다. 그것은 내가 글쓰기를 시작했기 때문에 가능했던 일이다. 강의하다 보면 나이테가 선명한 수강생들과 함께하는 시간이 많다. 그들을 지켜보면서 자신이 하고 싶은 일 만큼은 놓치지 말아야 한다는 걸 느끼는 요즘이다. 그냥 무위도식하며 지내기엔 참으로 소중한 시간이다. 하고 싶은 일을 하면서 열심히 사는 노인들을 보면서 나 역시 노년의 삶에 대한 해답을 찾아가고 있다. 그게 바로 나이를 먹는다는 것이 얼마나 아름다운 일인지 우리 젊은이들에게 보여주는 일이 아닐까 싶다.

세월에 길이가 더해져 나이테가 선명해지더라도 글쓰기는 계속될 것이다. 그것은 글쓰기를 통해 마지막 꿈을 실현하고 싶은 욕망 때문이다. 그동안 각종 저서를 냈지만 아쉽게도 단 한 번도 만족할 만한 책을 출간하지 못했다. 그래서 그 꿈을 향해 멈추지 않고 책을 읽거나 글을 쓰면서 열정을 불태우고 있다. 사람들은 내게 욕심이 과하다 할지 모르겠지만, 나는 절대 그렇게 생각하지 않는다. 내 마지막 꿈이 실현될 날이 언제가 될지 모르지만, 그것이 내가 펜을 놓지 못한 이유다. 어쩌면 그 꿈은 나를 비켜갈 가능성이 더 크다. 그럼에도 내가 글쓰기에 몰두하는 건 최소한 후회라는 단어와 가까이하고 싶지는 않기 때문이다.

행여나 그 꿈이 실현된다면 나는 모든 걸 내려놓고 세상을 향해 '내 선택이 틀리지 않았노라'고 말하리라. 어쩌면 그건 운명이었다고 ….

〈국보문학 2024년 1월호〉

歲暮 斷想 세모 단상

한 해의 마지막 날이 밝았다. 우리는 이날을 歲暮세모라 부른다. 마지막은 그것이 무슨 일이든 아쉬움을 동반한다. 한 해를 보내는 서운함 때문인지 날씨마저 우중충하다. 가로수들은 벌거벗은 채 침묵하며 떨고 있다. 거리엔 어제 내린 눈이 녹아 질척거렸다. 도로 위를 거침없이 달리는 자동차들이 꼬리에 꼬리를 물었다. 사람들은 자신의 목적지를 향해 종종걸음으로 발걸음을 재촉했다.

어제와 다름없는 하루지만 오늘만큼은 그 의미가 다르다. 한 해 동안 사용했던 달력 속엔 깨알 같은 글씨로 빼곡하다. 열심히 살았다는 증표 같아 흐뭇하다. 그 달력도 이제 할 일을 다 했으니 쉬어도 되지 않을까. 그래서 임무를 마친 달력을 떼어내고 새 달력으로 교체했다. 그 달력을 봐 줄 사람도 아내와 나뿐이다. 달력을 바꾸어 거는 마음엔 지난해에 대한 자성과 새로운 해를 맞이

하는 각오가 충돌하며 혼란을 부추긴다.

　세모를 의미 있게 보내야겠다는 마음으로 아내와 집을 나섰다. 지하철을 타고 잠실로 향했다. 생각했던 것보다 북적거리지 않아 좋았다. 걱정했던 식당도 그렇게 붐비지 않았다. 점심으로 소고기를 시켰다. 아내의 수고에 대한 감사의 표시인 셈이다. 오늘만큼은 소고기를 실컷 먹여주고 싶었다. 결국 다 먹지 못하고 싸 오는 불편을 겪었지만, 그 맛만큼은 그만이었다. 생각했던 것 이상으로 지출했지만, 만족해하는 아내를 보니 그 또한 좋았다.

　남긴 소고기를 들고 극장으로 향했다. 티켓을 구매하는데 직원의 불친절이 눈에 거슬렸지만, 오늘만큼은 기분을 잡치고 싶지 않았다. 좋은 좌석은 이미 매진되고 관람하기에 불편한 앞자리뿐이었다. 마음에 들지 않았지만, 표를 예매하여 극장에 들어섰다. 빈자리가 없을 정도로 만원이었다. 그래도 눈에 거슬리는 행동을 하는 사람이 없어 다행스러웠다. 우리 부부처럼 세모를 뜻깊게 보내려는 사람들이 많아 놀라웠다.

　좌석에 앉아 기다리자, 영화가 시작되었다. 이순신 장군은 우리에게 너무 친숙한 이름이자 나라를 지킨 영원한 영웅이다. 이순신 장군의 삼대 대첩 중 마지막 대첩인 영화 「노량」 해전은 일본 수군을 물리치고 대승을 거둔 임진왜란 마지막 전투였다. 이미 알고 있는 이야기라서 식상할 법도 한데 열세한 전력으로 일본 수군을 대파한 명장면은 아무리 보고 또 봐도 싫증이 나지 않는다. 하지만 성웅 이순신의 죽음은 안타까움 그 자체였다. 영웅의 죽음을 끝으로 영화는 조용히 막을 내렸다. 영화가 끝나자, 관람객이 우르르 출구로 모여들었다.

영화를 감상하고 나오니 이제 영화를 보려는 사람들로 붐볐다. 돌아오는 지하철엔 차분하게 세모를 보내는 사람들이 타고 내리기를 반복했다. 오래 걸리지 않아 집에 도착했다. 굳게 닫혀있던 문을 열었지만 반겨주는 이 하나 없다. 딸과 아들은 자신의 길을 가느라 정신이 없고, 이제는 아내와 나뿐이다. 집에 있어도 서로가 자기 일에 몰두하느라 대화 없이 침묵만 감돈다. 나이를 먹었다는 게 그런 건가 보다. 이제 내일이면 또 한 살을 보태야 할 텐데 내가 나잇값을 하고 있는지? 모르겠다.

나이를 한 살 더한다고 생각하니 가슴에 맷돌 하나를 올려놓은 것처럼 답답하다. 어둠 속에 잠긴 深夜심야에 한해를 뒤돌아보고 지난 시간을 반추해 본다. 3월에는 평론집『서평으로 레벨업』과 12월에는 인문서『김종화의 글쓰기 Tip』을 펴냈다. 그리고 한국문인협회에서 주관한 박종화 문학상을 수상하기도 했다. 특히 국보문학아카데미와 메타문학아카이브에서 수강생들과 함께했던 시간은 단연코 최고였다. 허송세월하지 않아 다행스럽다.

내일이면 또 한 해의 출발선에서 다시 시작해야 한다. 그런데 난 오늘 무엇을 자성하고 내일 무엇을 할 것인지 고민이 깊어진다. 최소한 오늘만큼은 세모에 어울리는 한 해의 마무리를 하고 싶다. 새로운 한 해의 출발을 위해….

〈대한문학 2025년 봄호〉

내 마음을 훔친 청풍명월

봄기운이 손짓하던 지난 2월 말, 청풍명월의 고장을 찾았다. 제자들의 졸업여행에 따라나섰다. 서울에서 출발하여 제천에 도착한 것은 점심시간을 앞둔 시점이었다. 하지만 점심을 먹기엔 어설픈 시간이라서 '청풍문화재단지'를 둘러보기로 했다. 눈망울이 송아지처럼 맑고 고운 해설자가 반갑게 우릴 맞이했다.

해설자의 안내를 받아 들어간 팔영루는 청풍부를 드나들던 관문으로 청풍명월을 시제로 한 팔영시詩가 있어 팔영루라 불린단다. 입구엔 출입자를 통제하려는 듯 모형 포졸 두 사람이 창을 들고 곧추서 있다. 그 모습이 과거로의 회귀를 부추겼다. 겨울의 끝자락이어서인지 주위는 적막감이 감돌았다. 그럼에도 머잖아 이곳도 봄의 생명력으로 넘쳐날 것이다.

팔영루를 통과한 우린 스코틀랜드 병정처럼 해설자를 뒤따랐다. 고인돌과 성혈이 기다렸다는 듯이 반겼다. 고인돌은 선사시대 거석문화의 일종으로 지상이나 지하의 무덤방 위에 괴었던 거대한 돌로 이어진 하나의 무덤 양식이다. 이곳 고인돌군은 충주댐 건설로 인해 수몰된 청풍면 황석리에서 옮겨온 남방식 고인돌이다. 그중에서 중앙에 배치된 고인돌은 하늘의 별자리로 보이는 星穴성혈이 새겨져 있어 특이하다고 한다.

좀 더 안으로 들어가자, 한벽루가 당당하게 서 있었다. 오랜 세월이 지난 지금에도 송시열이 쓴 현판의 자획들이 선명하게 살아 문패 구실을 하고 있었다. 한벽루는 고려시대 청풍현이 군으로 승격되자 이를 기념하여 세운 독특한 양식의 부속 목조건물인데 연회 장소로 사용된 것으로 추정한다. 안타깝게도 1972년 수해로 건물 일부가 유실되어 1976년 복원되었다고 한다. 세월의 더께가 쌓여 단청의 고운 색상이 벗겨지거나 떨어지고 퇴색해 세월의 무상함을 느끼게 했다.

이어서 한벽루 맞은편 공터에서 시 낭송을 했다. 지도교수 J가 낭송한 한용운의 「알 수 없어요」는 맑고 투명한 영혼이 들려주는 감동으로 찾아와 내 무딘 가슴에 큰 울림을 주었다. 덕분에 앙코르 낭송으로 이어졌다. 색 바랜 낙엽이 나뒹구는 가운데 이어진 수강생의 「인연에 대하여」라는 시 낭송도 함께한 이들을 사색의 늪으로 이끌었다. 시 낭송 공부를 하는 수강생들의 열정이 느껴지는 순간이었다.

　점심시간이 가까워지자 많은 볼거리를 눈앞에 두고 서둘러 나와야 했다. 해설자는 이곳 문화재가 특별한 것은 사람이 실제 사용했던 곳이기 때문에 손때가 묻어있다는 점이라고 강조했다. 목소리가 겨울날 화롯불처럼 따뜻한 해설자의 설명을 들으며, 수강생들이 던지는 질문엔 호기심이 잔뜩 묻어있었다. 시린 물빛 같은 길을 따라 우린 버스에 올랐다.

　오후엔 유람선에 탑승했다. 청풍 수상 나루에서 출발한 유람선은 파란 하늘이 내려와 잠긴 호수 위를 미끄러지듯 달렸다. 주변엔 아직 싹을 틔우지 못한 앙상한 나무들이 미동도 없이 자리를 지키고 있었다. 군데군데 서 있는 소나무가 녹색 물감을 덧칠한 것처럼 싱그러웠다. 수천 년의 세월을 이어온 깎아지른 암석은 한 폭의 산수화를 연상케 했다. 멀리 보이는 계곡에 옹기종기 모여 있는 가옥들이 어깨동무하는 친구처럼 정겹다. 남녘에서 제비가 찾아오면 호수 기슭 여기저기에도 꽃보자기를 푸짐하게 풀어놓는 봄이 찾아올 것이다.

　지치지 않고 달리는 유람선 내부엔, 관람은 관심이 없다는 듯이 잡담을 나누는 사람들의 목소리가 도떼기시장을 방불케 했다. 조용히 나누는 대화는 알아듣기 어려울 정도로 소란스러웠다. 개중에는 병마개처럼 입을 꽉 닫고 있는 이들도 있었다. 船首선수로

나가자, 늦겨울의 강바람이 차다. 어린 손주를 데리고 나간 할아버지는 찬바람에 놀라 그만 유람선 내부로 되돌아왔다. 난 창가에 앉아 내 안에서 요동치는 감정의 물결을 잠재우고 그저 스쳐가는 풍경을 지긋이 바라보았다.

우릴 태운 유람선은 꽁무니에 하얀 물보라를 남기며 신바람 나게 질주했다. 지나가면서 일으킨 물보라는 흔적도 없이 사라졌다. 우리네 삶도 마찬가지다. 살아 있을 때 사람이지, 죽으면 흔적도 없이 사라진다. 글로 남겨야 하는 이유가 여기에 있다. 옆으로 지나가던 소형 유람선이 물살을 가르며 남긴 물보라가 장관이다. 청풍에서 출발하여 장화까지 반환점을 돌아오는 코스를 90분 동안 유람하고 의림지로 향했다.

의림지는 산과 산 사이의 골짜기에 만들어진 곳으로 고대 수리 시설 가운데 가장 대표적인 곳이다. 이 호수는 제천의 명승지로, 제천의 백골제와 함께 삼한시대에 축조된 것으로 전해 내려오고 있다. 충청도를 호서라 함은 의림지의 서쪽 지방이라는 의미이며, 제천의 옛 이름인 奈吐내토, 奈堤내제는 큰 제방을 뜻하고 있다고 설명했다. 해설자의 움직임에 따라 수강생들의 시선이 미끄럼을 타고 내렸다.

특히 겨울철, 이곳에서 잡히는 공어가 명물로 알려져 있을 뿐만 아니라, 호수와 어우러진 노송이 볼거리를 제공하고 있다. 잔잔한 수면은 속살이 훤히 들여다보일 정도로 투명했다. 호수 한가운데 둥둥 떠 있는 것처럼 보이는 '순주섬'은 한 폭의 풍경화였다. 그림을 그려도 그렇게 아름답게 그리기 어렵지 않을까. 호수에서 넘쳐흐르는 물은 폭포를 이루며 오가는 이들의 발길을 붙들었다. 폭포에서는 지나간 세월의 그림자가 아롱거렸다. 그런 용추폭포를 배경으로 추억을 담는 사람들의 얼굴에도 미소가 번졌다. 내 마음에도 행복이 폭포수처럼 쏟아져 내렸다.

시·수필·감성스피치반 수강생들과 함께한 졸업여행은 행복한 동행이었다. 제자들의 목소리가 팔딱팔딱 뛰고 있는 물고기처럼 생동감이 넘쳤다. 그들의 목소리 뒤에 숨은 내 가슴에도 흰 구름이 두둥실 떠다녔다. 그렇게 보니 졸업 여행이라는 이름으로 함께한 이들의 감성 온도가 한 눈금씩 올라가지 않았을까 싶다.

〈메타문학 2024년 봄호〉

봄이 오면 생각나는 것들

계절의 변화는 한국인이 느낄 수 있는 축복이다. 사계절을 만끽할 수 있는 나라는 그렇게 많지 않다. 입춘이 지났으니 이제 추위를 몰고 온 겨울도 머지않아 물러갈 것이다. 인고의 시간을 버텨온 사람들의 마음속엔 벌써 봄이 찾아오고 있는지도 모를 일이다.

추위에 웅크린 채 기다리던 봄은 어떻게 우리 곁으로 찾아오는 걸까. 봄은 먼 남쪽에서 몰고 온 부드러운 바람이 피부를 간질이면서 찾아오기도 하지만, 때로는 두꺼운 얼음이 쩍쩍 갈라지며 얼음장 밑으로 다가오기도 한다. 또 엄동설한을 이겨낸 나뭇가지에서 싹이 움트는 소리와 함께 봄소식을 알려오기도 하지만, 겨우내 얼었던 대지에 싹이 움트기 위해 파열음을 내며 고운 얼굴을 내밀기도 한다. 이런 봄이 오면 생각나는 것들이 있다. 그중에서도 초급장교 시절 맞이했던 봄에 대한 기억이 추억의 신경세포에 불을 지핀다.

　남자라면 누구나 할 것 없이 국방의 의무를 다해야 한다. 그 의무를 다하기 위해 일찍이 난, 장교의 길을 걸었다. 최전방에서 소대장 근무하다가 겪었던 일이다. 계절적으로 비교적 공사하기 쉬운 봄이나 가을이 되면 '춘 추계 진지공사'라는 이름으로 공사에 투입한다. 지원되는 자재가 부족했던 70년대만 해도 몸으로 때워야 했다. 한번 진지공사에 들어가면 3주 동안 진행되는 게 일반적이다.

　중대로부터 진지공사 계획이 하달되면 병사들은 한동안 준비로 부산하다. 라면은 필수다. 고추장이나 통조림 등 저마다 필요한 물품을 구매하여 배낭 속에 집어넣는다. 때로는 몰래 술을 넣어 가는 일도 있지만, 걸리면 엄청난 얼차려가 기다린다는 걸 알기 때문에 자주 벌어지는 일은 아니다. 물론 공사 도구를 챙기는 것은 기본이다. 지원되는 공사 도구도 삽이나 곡괭이가 전부다.

　공사장으로 이동할 때면 간단한 군장 검사에 이어 대대장의 훈시가 뒤따른다. 훈시가 끝나면 행군 순서에 따라 부대이동이 시작된다. 진지점령 시간을 도출해야 하므로 통과 지점별로 시간을 기록한다. 진지점령이 완료되면 분대별로 종합하여 중대에 보고한다. 주둔지에서 배낭을 메고 출발하여 두세 시간은 걸어야 진지를 점령할 수 있다.

진지점령이 완료되면 곧바로 숙영지를 편성한다. 숙영지는 비가 오거나 바람이 불어도 끄떡없도록 설치해야 한다. 그래서 분대 단위로 개인 텐트를 이어 붙여 설치한다. 2명 1개 조로 설치하는 경우도 있지만, 대부분 통제가 용이한 분대 단위 텐트를 선호한다. 텐트가 설치되면 우선 시에 대비한 배수로를 깊게 파야 한다. 내부 정리와 병행하여 위장을 실시한다. 어느 곳에서 봐도 쉽게 노출되지 않도록 하기 위해서다.

　숙영지 편성이 완료되면 진지공사에 투입한다. 공사는 분대 단위로 하거나 소대가 통합하여 취약지역 위주로 하기도 한다. 이는 소대장 판단에 따라 실시하는 것이 대부분이다. 한 군데를 하더라도 완벽하게 실시해야 함은 불문가지다. 경험이 많은 고참병들은 집중의 원칙이 작업의 효율성을 높인다는 걸 안다. 그래서 공사는 고참병들이 주도한다.

　매년 춘 추계 진지 보수를 해야 하는 이유는 전쟁이 발발하면 즉시 개인호에 투입하여 적의 공세에 대비해야 하기 때문이다. 어쩌면 진지는 자신의 무덤이 될 수도 있는 곳이다. 그래서 언제 적이 공격을 해오더라도 항상 싸울 수 있도록 진지는 견고하게 준비해야 한다. 온몸을 드러낸 채 공사를 하다 보면 자신도 모르게 구릿빛으로 물든다. 야성미 넘치는 사나이들의 땀 냄새는 향수로 뒤범벅이 된다.

작업을 하다가 아지랑이가 춤을 추는 계곡에 앉아 쉬다 보면 졸음이 찾아온다. 마치 병아리가 졸 듯 졸음에 취해 마치 전염병에 전염이라도 된 듯 너도나도 머리를 끄덕인다. 바로 춘곤증이 찾아온 것이다. 정신없이 졸다 보면 분대장의 호통 소리가 메아리가 되어 돌아온다. 순간 정신이 번쩍 든 신병들은 자신도 모르게 일어서서 부동자세를 취한다.

진지 작업을 하다 보면 지천에 봄나물이 널려 있다. 그럴 때면 휴식 시간을 이용하여 냉이나 달래, 쑥이나 씀바귀를 캤다. 또 주변에 두릅나무의 싹을 채취하거나 더덕이나 도라지 뿌리를 캐서 저녁에 반찬대용으로 먹었다. 그럴 때면 입안이 봄의 향기로 가득하다. 군에서 보급되는 식품은 비할 바가 못 된다. 돌을 씹어 먹어도 소화 시킬 수 있는 젊은이들에게 밥도둑이 따로 없는 별미였다.

봄이 오면 내 젊은 날들의 추억이 빛바랜 영화필름처럼 펼쳐진다. 그럴 때면 그때 그 시절의 추억이 한 폭의 그림이 되어 오버랩 된다. 강원도 화천의 고지에서 진지공사를 하며 봄나물을 나눠 먹었던 그 사나이들은 지금 무얼 하며 지낼까? 생각만 해도 그리움이 밀물처럼 차오른다.

〈현대문예 2025년 1·2월호〉

내 마음에 찍은 느낌표

요즘, 가장 흔한 주제의 글이 바로 여행을 통해 얻은 체험을 글로 펴낸 책이다. 그래서 그런 글을 마주하면 읽고 싶다는 생각이 들지 않는다. 새로운 것도 없는 그렇고 그런 이야기를 누가 읽으려 하겠는가. 그 나물에 그 밥인데 말이다.

그런데 나를 자극하는 아주 귀한 책과 만나는 행운을 얻었다. 기행 작가 전수림이 쓴 『떠남Ⅱ』라는 책이다. 내가 이 책에 매료된 것은 작가가 보고 느낀 이야기를 사진과 함께 실어 독자들의 궁금증을 풀어준다는 점에 있다. 특히 사진과 함께 읽으면 마치 내가 여행하는 것처럼 느껴진다. 최소한 책과 함께하는 동안은 지루할 겨를이 없다.

대부분의 기행문이 자신의 행적을 기록한 기록물에 지나지 않는 글이라서 식상해 하던 터에 만난 책이라 더 내 마음을 끌었는지도 모른다. 이런 책을 싫어할 독자는 없지 않을까? 그만큼 작가 자신이 보고 느낀 감상은 섬세하게 터치하여 이미지와 함께 절묘하게 조화시켜 냈다. 이 책을 말하는데 과히 최고라는 말로도 부족하지 않을까 싶다. 시각을 자극하는 다양한 사진과 지루하지 않을 정도의 글은 가독성을 이끄는 데 한몫하고 있다. 그래서 읽으면 읽을수록 나도 모르게 공감 가득한 이야기 속으로 빠져든다.

이 책은 작가가 인도차이나를 둘러보고 쓴 『떠남Ⅰ』에 이어 인도 동남쪽을 시작으로 스리랑카까지 돌아보는 여정을 담아 『떠남Ⅱ』를 펴냈다. 무거운 카메라를 메고 메모하면서 16일 동안 낯선 곳에 대한 여정은 남자라 해도 쉽지 않은 일이다. 그럼에도 작가 정신을 발휘하여 펴낸 이 책의 가치는 그 무엇과도 바꿀 수 없지 않을까.

아무리 읽고 또 읽어도 싫증이 나지 않는 책과의 만남은 하늘의 별 따기만큼이나 어려운 일이다. 난, 이 책을 읽으며 몇 번이나 무릎을 쳤다. 어쩌면 이렇게 보기 좋고, 읽기 쉽게 잘 그려냈을까. 작가의 탁월한 혜안에 머리가 절로 끄덕여진다. 글 곳곳에서 사람 냄새가 진동한다. 그래서 더 끌리는 책이다. '늘 똑같은 일상이지만, 하루도 같은 날이 없음이니, 뭐 하나라도 놓치지 않으려 카메라 셔터를 누른다.'는 작가의 프로 의식을 느낄 수 있었.

기행문이라 해서 똑같은 기행문이 아니다. 이 책에는 딱 필요한 글과 사진만 들어있다. 차별화된 책이라는 말이 더 어울릴지도 모르겠다. 이 책을 이야기하는데, 더 이상의 수식어가 필요 없는 책이라면 이해가 될까.

이 책은 내 책상 가장 가까이에 놓여 있다. 시도 때도 없이 펼쳐보기 위해서다. 누구라도 이 책과 인연이 되어 만나는 날, 절대 후회라는 단어는 곱씹지 않아도 될 것이다. 내 마음에 느낌표 하나를 찍어준 이 책을 자신 있게 추천한다. 내 말이 의심된다면 한번 구입해서 읽어볼 일이다. 그래도 아니다 싶으면 내가 그 책값을 갚아주고 싶을 정도로 좋은 책이다.

또 다른 여행을 꿈꾼다는 그의 사람 냄새 나는 여행 이야기가 기다려지는 이유가 여기에 있다.

〈한국문학신문 2024년 5월 1일〉

이제 후회 내려놓고 싶다

왠지 가까이하고 싶지 않은 말이 있다. 그 말은 삶 곳곳에서 내게 태클을 걸었다. 바로 '후회'라는 단어다. 후회 앞에서 당당할 수 있는 사람은 아마 없을 것이다. 누구라도 한 번쯤 후회와 만나 자성의 시간을 가져봤으리라. 창문을 통해 본 하늘이 검은 도화지 같은 날이면 나를 힘들게 했던 그날의 기억이 스멀스멀 피어오른다.

사람이 살아가는 동안 누구나 실수와 만난다. 그럴 때면 후회라는 달갑지 않은 말을 곱씹게 된다. 할 수만 있다면 후회라는 말만큼은 멀리하고 싶은데, 현실은 그렇게 만만치가 않다. 실수하지 않겠다고 다짐하고 다짐해 보지만, 지난 세월 동안 실수는 사사건건 내 발목을 붙들었다. 그럴 때면 후회라는 단어가 나를 힘들게 했다. 그중에서도 가장 내 곁에 머물며 힘들게 했던 후회는 아파트 마련을 위해 절치부심했던 시절의 아픔이다.

직업군인이던 시절, 강원도 양구 근무를 마치고 전출한 곳이 서울이다. 그곳에서 근무할 당시 딸은 초등학교에 다녔고, 아들은 앞가림도 하지 못하는 어린아이였다. 그때 지금 살고 있는 아파트 중도금을 내던 시기라서 엄청나게 쪼들렸다. 가진 게 없으면 융통성이라도 있어야 했는데 그마저도 갖지 못한 젬병이었다. 내게 주어진 업무가 전부인 양 오직 부대 업무에만 올인했다. 그러다 보니 가정엔 소홀했다. 그렇다고 해서 남들보다 월등하게 군 생활을 잘한 것도 아니다. 지금에 와서 생각해 보면 난 천하에 둘도 없는 바보였다.

가진 게 없다 보니 중도금 마련이 어려웠다. 시골에 계신 부모님도 상황이 어렵다 보니 나를 도와줄 형편이 되지 못했다. 전쟁의 소용돌이 속에서 태어난 세대가 겪을 수밖에 없었던 보릿고개는 쉽게 넘을 수 없는 벽이었다. 가난을 숙명처럼 달고 살아온 내겐 비빌 언덕이 없었다. 그때 어처구니없는 생각들이 콩나물 자라듯 자라나 내 마음을 마구 흔들기 시작했다.

내 가슴 한구석이 벽 허물어지듯 허물어지고 있을 때였다. 당시 딸은 피아노 학원에 다녔다. 선생님께서는 집에 가서 연습해 오라며 숙제를 내줬다. 연습해야 하는데, 집에 피아노가 없어 진도가 나가지 않았다. 애가 탄 딸은 아래층 아빠 친구 집에 가서 한 번만 치게 해달라고 졸랐다. 마지못해 아내는 딸의 손을 잡고 아래층에 가서 사정 이야기를 하고 한 번만 피아노를 치게 해달라고 부탁했다. 승낙을 얻어 딸이 피아노를 막 치려고 하자, 그 집 딸이 자신이 쳐야 한다며 심술을 부렸다. 울먹이는 딸아이를 달래는 아내의 마음은 착잡하기 그지없었다. 집에 돌아온 아내는 결국 딸을 껴안고 통한의 눈물을 흘렸다. 그렇게 난, 가장으로서 가정을 지키지 못한 어리석은 사람이었다.

  서울에서 근무를 마치고 광주에서 근무하던 시절 아내는 중도금 마련을 위해 자신 명의로 된 노후연금 만기를 코앞에 두고 적금을 해지했다. 그리고 몇 푼 되지 않은 딸 학원까지 중단했다. 허리띠를 졸라매던 시기였기 때문에 모두가 힘들었다. 사는 게 사는 게 아니었다. 아무것도 모르는 딸은 "학원만은 보내 달라"며 울며 매달렸다. 그럼에도 아내는 중도금을 마련해야 한다는 사실 앞에서 좌절했다. 마치 가족의 운명을 재물과 흥정이라도 한 느낌이 들었다. 참담함 앞에서 난 가슴으로 울었다. 세상에 그 많고 많은 돈은 어디로 휴가를 갔는지 만날 수 없었다. 아마 희망이라는 단어가 없었다면 버텨내지 못했을지도 모른다.

  무능한 남편을 만난 아내와 아이들의 고통은 이루 말할 수 없었다. 당시 내 심정은 마른 장작을 지고 불 속으로 뛰어들고 싶은 심정이었다. 어떻게 그 세월을 버텨냈는지 모르겠다. 지금도 그 생각만 하면 후회라는 단어가 家長가장의 무능을 비웃는 듯하다.

암울했던 시절의 이야기는 지금도 내 가슴을 후빈다. 사는 게 조금 버겁더라도 꽃이 예쁘다는 걸 느끼며 살아야 했는데 그렇지 못해 아쉽다. 나를 힘들게 했던 추억도 시간이 지나면서 무디어져 갔다.

아내는 구멍이 난 옷을 입고 생활할 정도로 절약이며 살았다. 아내의 그런 노력 덕에 크게 빚을 지지 않고 아파트 주인이 될 수 있었다. 그 생각만 하면 아내가 고맙다. 먹고 싶은 것 먹지 못하고, 입고 싶은 것 제대로 입지 못하고 살아온 지난날을 생각하면 식은땀이 절로 날 정도로 가슴이 아프다. 인생의 황혼녘에 도착하여 지난 삶을 뒤돌아보니, 단 한 번도 후회라는 단어에서 벗어나지 못했다. 이제 그 삶을 반추하며 지난했던 삶을 고백하지 않을 수 없다. 그러나 후회로 점철됐던 아파트는 내게 도피처였고, 위로였고, 꿈꿀 수 있는 곳이었고, 행복을 꽃피우는 낙원이 되었다.

이제부터라도 가까이하고 싶지 않은 후회로부터 벗어나고 싶은데, 웬일인지 후회는 나를 붙들고 놓아주지 않는다. 무능한 나를 붙드는 걸 보니 후회는 나를 무척 좋아하나 보다. 지금도 내 가슴에 들어앉아 마음을 아프게 하는 후회와 이별주라도 한 잔 하고 싶다. 그리고 더는 후회와 만나고 싶지 않다. 그게 가능할지 모르겠지만 ….

〈수필시대 2024년 가을호〉

작은 깨달음

싱그러운 오월이면 어김없이 찾아오는 성스러운 날과 만난다. 바로 석가탄신일이다. 석가모니(싯다르타)는 평안함을 버리고 고통스러운 수행을 통해 큰 깨달음을 얻었다. 그는 우리 인간에게 귀한 가르침을 주고, 어리석은 인간을 구제하기 위해 평생을 바치신 분이다. 그래서 부처님오신 날을 공휴일로 정하고 그분의 높은 뜻을 기린다.

아내는 부처님의 뜻을 존중하고 공감하며 사는 평범한 주부다. 그래서 음력 사월 초파일이 되면 꼭 사찰에 들려 감사기도를 올린다. 예전에는 아파트 인근에 있는 사찰을 다녔다. 지금은 멀어도 아차산 자락에 있는 영화사를 찾는다. 그곳을 찾는 이유는 다른 사찰에 비해 마음이 편하다는 이유 때문이다.

지난 5월 15일, 평소보다 일찍 일어나 간단하게 아침을 챙겨 먹고 아내와 집을 나섰다. 공휴일이라서 그런지 아파트가 침묵

속에 잠겨있다. 아파트 입구에서 마음씨 좋은 경비아저씨가 얼굴 가득 미소를 머금고 아침 인사를 건넨다. 아저씨의 밝은 미소와 마주하자 덩달아 기분이 좋아진다. 그 마음을 담아 발걸음을 재촉하여 금방 지하철역에 도착했다.

평소 북적였던 지하철에도 한산하기는 마찬가지였다. 공휴일을 즐기며 늦잠에 빠진 사람들 때문이리라. 맞은편에 앉아 가던 할머니는 눈을 감고 염주를 굴리고 있다. 할머니의 주름진 얼굴이 평온하다. 아마 할머니도 아침 일찍 부처님을 찾아가는 모양이다. 우리가 내릴 준비를 해도 변함없이 염주를 굴리는 할머니를 보니 이번 역에서 내리는 것은 아닌가 보다.

아차산역에서 내려 우리 부부가 영화사에 도착한 시간은 여덟 시도 채 되지 않았다. 이른 시간임에도 이곳을 찾는 사람이 줄을 이었다. 일주문을 들어서자, 사찰 마당엔 하늘을 쳐다볼 수 없을 정도로 형형색색의 연등이 질서정연하게 매달려 있다. 작은 바람에도 연등은 물결처럼 출렁거렸다.

아내는 익숙한 듯 곧바로 대웅전에 들러 불전함에 헌금하고 구배를 올렸다. 몸에 맞지 않은 옷을 입은 것처럼 불편한 나도 아내를 따라 구배를 올렸다. 주변에서도 많은 사람이 합장하며 부처님께 머리를 깊숙이 숙였다. 사찰을 찾는 사람들은 젊은이보다는 노인이 많고, 그중에서도 여성이 많았다.

대웅전을 나서며 아내에게 "무슨 소원을 빌었느냐"고 물었다. 아내가 말하기를 "욕심을 담아 소원을 빌기보다는 현재의 삶에 감사하다."는 마음을 담았다고 했다. 그렇게 보니 욕망의 노예가 되어 소원을 빌었던 나보다 아내의 고운 마음이 큰 울림으로 다가왔다. 그 말을 듣고 보니 문득 부끄러운 생각이 들었다. 아내의 고운 심성을 접하며 부족한 나를 반성하는 시간이었다.

이어서 삼성각과 미륵부처님이 계신 곳을 찾아 삼배를 올렸다. 많은 이들이 이곳 영화사에 들러 저마다 소원을 빌었다. '부처님께서는 그 많은 소원에 어떻게 응답해 주실까?' 그러고 보니 자신의 생신날 부처님께서는 인간의 소원 때문에 더 힘든 날을 보낸 것은 아닌지 안타까웠다. 최소한 나의 잘못으로 다른 사람이 불편하지 않도록 사는 것이 잘사는 게 아닐까 싶었다.

기도를 마친 아내는 연등이 걸려 있는 사찰 마당으로 이동했다. 우리 식구 이름이 쓰여 있는 연등을 찾기 시작했다. 아내처럼 연등을 찾는 이들이 눈에 띄었다. 하지만 그 많은 연등 중에서 우리 식구의 이름이 쓰인 연등을 찾는 것은 생각했던 것처럼 쉽지 않았다. 나 역시 아내 주변을 맴돌며 찾기에 동참했다. 그렇게 한동안 연등을 찾던 아내가 소풍 가서 보물이라도 찾은 것처럼 "찾았다"며 얼굴에 한한 미소를 지었다. 식구들의 이름이 적힌 연등을 보자 친숙한 듯 반가웠다.

시간이 지날수록 영화사 입구로 들어서는 신도들이 꼬리에 꼬리를 물었다. 아마 오늘 하루는 사람들로 넘쳐나지 않을까 싶다. 자신의 소원보다는 감사의 기도를 올렸다는 아내가 다시 보였다. '그래 늦었지만, 이제부터는 욕심을 내려놓고 감사하는 삶을 살아야겠다'는 생각이 뇌리를 감돌았다. 부처님 오신 날에 작은 깨달음을 얻는 소중한 시간이었다.

사찰을 나서는 발걸음이 가볍다. 일주문을 나서며 뒤돌아보니 연등은 작은 바람에도 춤을 추고 있었다. 신록으로 둘러싸인 영화사처럼 내 마음도 파랗게 물들었다.

〈국보문학 2025년 4월호〉

제4부
아내에게 부치는 편지

당신이 지난 40여 년 동안 알뜰살뜰 가꾸어온 보금자리는 내게 도피처였고, 위로였고, 꿈꾸는 둥지였으며, 행복이 꽃피는 낙원이자 안식처였습니다. 왜 당신만 생각하면 구름 위를 걷는 기분이 들까요?

학도병들의 숨결

일상에서 탈출한다는 건 기대감이자 설렘이다. 그래서 사람들은 누구나 여행을 떠난다. 칠순을 훌쩍 넘긴 노병들로 구성된 한국전쟁문학회 회원들이 큰맘 먹고 포항으로 길을 나섰다. 버스 차창 너머로 찾아온 아침 햇살이 눈부시게 따사롭다.

 기대치가 별로여서 그랬을까? 아니면 나이 때문에 거동이 불편해서였을까? 함께하기로 했던 회원 중 네 명이 동참을 철회했다. 그래서 45인승 버스에 20명이 널찍하게 앉아 출발을 서둘렀다. 이동 도중 나이가 많은 회원들은 빈번하게 화장실을 가야 했지만, 예정된 시간에 목적지에 도착했다. 우린 숨 가쁘게 달려온 시간을 잠시 내려놓고 노곤한 몸을 추슬렀다.
 6·25전쟁 체험 세대보다 미체험 세대가 갈수록 늘어나는 현실을 감안할 때, 안보의 중요성은 그 어느 때보다 중요하다. 해가 갈수록 안보의식이 느슨해지는 오늘날, 펜 대신 소총을 잡고 전

투에 참여한 '학도의용군전승기념관'을 찾아보기로 한 것은 대단히 의미가 크다. 평화로울 때 대비해야 다시는 이 땅 위에서 전쟁을 막을 수 있다는 생각으로 나선 길이다.

늦은 점심을 먹고 포항시 북구 용흥동 탑산에 자리 잡고 있는 '학도의용군기념관'에 들어섰다. 주변엔 싱그러움이 생명력으로 넘쳐나고 있었다. 아늑한 산기슭이라서 그럴까? 기념관은 깊은 산중에 있는 山寺산사처럼 고즈넉했다. 조용했던 기념관은 주위를 둘러보는 관람객으로 갑자기 활력이 넘쳐났다.

우린 표정이 풍부한 담당 직원의 안내를 받아 학도의용군 기념관에 대한 이야기를 들었다. "이곳은 낙동강 최후 방어선의 일부였던 포항 전투에서 빛나는 전공을 세우고 조국과 민족을 지킨 학도병들을 추모하기 위한 공간"이라고 강조했다. 노병들은 마음과 달리 움직임이 둔한 육신을 바로 세우며 힘찬 박수로 화답했다.

이어서 학도의용군 단독으로 치른 포항여중 전투 영상을 시청했다. 군번도 계급도 없는 학도병들의 안타까운 죽음을 지켜보면서 집을 뛰쳐나온 토끼처럼 내 가슴이 두근거렸다. 아직 꽃봉오리도 채 피워 보지 못한 중·고학생들이 무거운 소총을 들고 북한군과 싸우다 장렬하게 散花산화하여 다시는 돌아올 수 없는 강을 건넜다. 조국을 위해 자신의 모든 권리를 포기한 학도병들의 나라 사랑은 우리 민족에게 지워지지 않을 고통이자 아픔으로 남았다. 그들의 희생을 지켜보는 동안 내 마음속에 드리워진 세월의 벽이 와르르 무너져 내렸다.

총탄이 빗발치는 전투 현장에서 어린 학생들이 얼마나 두렵고 힘들었을까. 적을 죽이지 못하면 내가 죽어야 한다는 사실 앞에서 얼마나 비참했을까. 적의 총탄에 피를 흘리며 죽어간 동료들을 보며, 얼마나 애통했을까. 생과 사의 갈림길에서 지옥을 체험하며 약한 자의 설움을 느끼고 또 느꼈을 것이다. 그런 인식의 연장선상에서 볼 때, 학도병들이 보여준 구국정신이야말로 포항 시민 정신으로 승화되어 오래오래 기억되어야 하지 않을까 싶다.

그들의 고귀한 희생정신과 애국심은 현재를 살아가는 후손들이 품어야 할 거룩한 가치이자 이정표다. 학도병들이 살아보지 못한 오늘에 우리는 있다. 그들을 대신하여 성스러운 조국의 가치를 더욱 아름답게 가꾸고 발전시키기 위해 모두가 손에 손을 맞잡아야 한다. 그것이 하나밖에 없는 자신의 목숨을 조국에 바친 학도병들이 후손들에게 준 숙제다.

영상에 대한 여운이 채 가시기도 전에 전시관에서 월탄 박종화 선생이 쓴 「전몰학도의용군」에게 보내는 시와 눈 맞춤을 했다. '군인 아닌 학도의 몸으로 옥이 되어 부서져 버렸네. 찬란하다. 이 나라 소년의 의기, 서리 빛 무지개 되어 이 땅 청산마다 길이

꽂혔네. ~'라는 시구가 내 무딘 가슴을 감동으로 물들였다. 감동은 내 가슴에 애국의 불을 지폈다.

발걸음을 옮기자 어느 학도병이 쓴 「어머니께 보내는 편지」가 우릴 붙들고 놓아주지 않았다. '어머님, 저는 꼭 살아서 어머님 곁으로 달려가겠습니다. 웬일인지 문득 상추쌈을 재검스럽게 먹고 싶습니다. 그리고 옹달샘의 이가 시리도록 차가운 냉수를 벌컥벌컥 한없이 들이켜고 싶습니다.~'라는 글 앞에서 마음이 애틋하면서도 짠했다. 가족, 그 이름만으로도 가슴이 먹먹하도록 소중하고 고결한 이름 앞에 내 감정의 조각들이 날갯짓하듯 파닥거렸다.

펜 대신 소총을 잡았던 그들은 갔지만, 세월은 조용히 세상의 옷을 몇 번이나 갈아입었다. 그럼에도 방심에서 비롯된 6·25전쟁은 아직 끝나지 않고, 현재진행형이다. 평소 대비가 부족하여 당했다고 해서 그 잘못까지 정당화될 수는 없다. 학도병들을 죽음으로 몰고 간 북한군은 예나 지금이나 변함이 없다. 변하려고 하지 않는 국민에게 길은 그 모습을 드러내지 않는다. 실패는 사소한 방심에서 찾아온다는 사실을 잊지 말고, 유비무환의 자세로 학도병들이 주고 간 준엄한 교훈을 아로새겨야 한다. 그것이 목숨 바쳐 지켜낸 학도병들에게 보답하는 길이다.

북한군의 기습남침으로 인해 이 땅에 남겨진 상처와 참상 앞에서 자신의 사소한 이익을 위해 국가 안보를 저해하는 행위는 삼가야 한다. 그것이 학도병들이 우리에게 준 분명한 교훈이자 가르침이다. 내가 하고 싶은 걸 마음대로 하는 게 자유가 아니다. 아무리 하고 싶어도 국가에 위해를 끼치는 행위를 해서는 안 되는 이유가 여기에 있다. 그것이 자유를 누리는 민주시민이 갖춰야 할 최소한의 자세다.

포항 '학도의용군 기념관'에서 한동안 잊고 지냈던 조국애와 안보라는 의미를 되새겨 보는 시간을 가질 수 있었음에 감사한다. 잘못된 역사를 되풀이하는 민족에겐 내일이 없다는 사실 앞에서 학도의용군들이 지켜준 자랑스러운 대한민국을 위해 거룩한 희생정신을 이어받아 決死報國결사보국을 다짐한다. 이제는 알 것 같다. 왜 사람들이 포항, 포항하는지….

이제 자신의 몸 하나 마음대로 가누지 못하는 노병들도 오늘 학도병들과 함께하며 오랜만에 잊고 지냈던 그때 그 시절과 만났으리라. 세월 속에 두고 온 군인정신이 깊게 잠들어 있는 신경세포에 불을 지폈으리라. 제 한 몸 불사르며 조국에 디딤돌이 되어온 그 세월을 반추하고 또 반추했으리라.

우린 지금 자유를 누리고 살지만 그 자유에 대한 고마움을 잊고 산다. 하지만 우리가 진실로 잊지 말아야 할 것은 평화는 절대로 공짜로 얻어지는 게 아니라는 것이다. 역사가 준 냉엄한 교훈을 망각하는 국민에겐 미래를 기대하기 어렵다는 걸 잊지 말아야 한다. 우리가 기념관에서 귀중한 시간을 보내는 동안에도 아쉬운 시간은 급류를 타고 빠르게 질주했다.

산그림자를 키운 해가 힘에 부칠 즈음, 우리는 기념관을 나섰다. 그곳을 빠져나오자, 기념사진을 찍어주며 잘 가라고 손을 흔들어 주던 직원의 모습이 나부끼는 태극기와 겹쳐 들며 선명하게 떠올랐다.

〈리더스에세이 2025년 신년호〉

錯覺착각은 자유?

오래전에 K 선생이 쓴 「착각」이란 작품을 읽은 적이 있다. 大綱 대강은 인간의 무분별한 행동이 환경오염을 불러와 날씨가 변덕을 부렸다. 그 바람에 나무가 그만 착각한 나머지 추운 겨울에 꽃을 피웠다는 글이다. 착각 이야기만 나오면 그 작품이 떠오른다. 사람들은 '망상은 해수욕장이고 착각은 자유'라는 말을 즐겨 쓴다. 사람이 살아가는 동안 누구나 착각을 경험하게 마련이지만, 착각도 그 정도를 넘어서면 안 된다. 아무리 착각은 자유라지만 문학인들이 해서는 안 될 착각 두 가지는 많은 걸 생각하게 한다.

그 하나가 글은 어렵게 써야 좋은 글이라는 착각이다. 글이 어려워야 좋은 글이라면 그것은 대단한 착각이라 할 수 있다. 文章三易문장삼이라는 말을 떠올리면 쉽게 알 수 있다. 문장삼이는 글은 보기 쉽고, 읽기 쉽고, 이해하기 쉬워야 한다는 말이다. 글이 쉬워야 하는 이유가 여기에 있다. 독자들의 입장에서 볼 때, 굳이 어려운 글을 읽어야 할 이유가 없다. 문제는 각종 문학상 공모에서 수상하는 작품들이 대부분 어려운 글이라는 점이다. 낯설게 한다고 독자들이 이해할 수 없는 어휘나 이야기를 구구절절 늘어놓는다는 말이다. 심사위원들도 그런 글을 선호하다 보니 세월이 흘러도 바뀌지 않는다. 작가끼리 일방통행 하는 그런 글을 독자들은 어떻게 받아들일까? 의문부호 하나가 그려진다.

다른 하나는 자신이 글을 잘 쓴다는 착각이다. 그건 자신의 개인적인 생각일 뿐, 독자들의 생각은 그렇지 않다. 좋은 글의 판단은 자신이 하는 것이 아니라 독자가 한다. 작가가 자신이 글을 잘 쓴다는 착각에 빠지는 것은 대단히 위험한 일이다. 자신의 글을 읽은 동료 작가나 친구들로부터 칭찬을 받았다고 해서 좋아할 일이 아니다. 그 누구도 당사자 앞에서 기분 나쁜 이야기를 해줄 배짱이 두둑한 사람은 없다는 사실 앞에 서면 쉽게 이해할 수 있지 않을까. 그것이야말로 착각이라는 것을 말이다.

글도 잘 쓰지 못하는데, 주변에서 괜히 글을 잘 쓴다고 추켜세우면 자신도 모르게 정말 자신이 글을 잘 쓰는 것으로 착각하는 경우가 있다. 설령 그렇다 하더라도 괜찮은 작가라면, 언제 어디서나 중심을 잡고 주변의 이야기에 설왕설래하지 말아야 한다. 그게 바로 진정한 문학인이 취할 자세다.

그리고 문학지에 글이 실렸다고 자랑할 일도 아니다. 대다수의 문학지는 제대로 검증하지 않고 글을 실어준다. 때로는 문학 동호인이거나 인맥을 통해 청탁성 글을 실어 주기도 하고, 아니면 이제 갓 입문한 초년생에게 책 구입을 조건으로 실어주기도 한다. 그러다 보니 문학지로서의 사명감을 상실한 문학지만 해도 우리 주변에 수두룩하다. 그런 함량 미달 문학지에 글이 실렸다고 좋아할 일이 아니라는 것이다.

특히 문학상을 많이 받았다고 자신이 대단한 작가라고 착각하는 사람도 있다. 문학상이란 작품성이 우수한 작가가 수상해야 함에도 인맥을 동원한 사회관계망에 의해 좌지우지되는 경우가 허다하다. 또한 책을 출판하거나 일정 금액을 지불하고 받는 문학상도 엄연히 존재하는 게 현실이다. 풍설에 의하면 문학상을 많이 받은 작가의 경우 자신이 지불한 금액을 합산하면 족히 중고차 한 대 값은 될 거라는 이야기가 귀청을 후빈다. 그런 현실 앞에 서면 작가의 한 사람으로서 마음이 착잡하다. 물론, 다 그런 건 아니지만, 아니 땐 굴뚝에 연기가 나지는 않을 것이다.

최소한 문학인이란 주변의 이야기에 일희일비할 게 아니라 언제나 좋은 글을 쓰기 위해 정성을 다해야 한다. 검증되지 않은 허무맹랑한 이야기에 착각이라는 늪에 빠지지 않으려면 중심을 잘 잡아야 한다. 중심 잡는 것은 겸손해지는 일이다. 그게 바로 선비

정신이다.

  내가 글을 쓰는 건 우연이 아니다. 좋은 글을 쓰기 위해 어떤 날은 온종일 글과 씨름한다. 좋은 작품이 탄생할 수 있는 출발점이 바로 글쓰기에 미치는 일이다. 간절함이 없이는 절대로 좋은 글을 쓸 수 없다. 아무리 착각이 자유라 해도 시도 때도 없이 착각의 늪에 빠져 지내는 것은 좋은 게 아니다. 더 이상 착각의 늪에 빠지지 않기 위해 난 오늘도 책을 읽고 글을 쓰며 세월을 낚는다.

〈한국문학신문 2024년 10월 02일〉

아름다운 약속

'기쁠 때는 약속하지 마라. 화가 날 때는 답변하지 마라. 그리고 슬플 때는 결정하지 마라.'라는 말을 나는 좋아한다. 특히, 약속은 만물의 영장인 인간만이 활용하는 삶의 수단이다. 약속은 잘 활용하면 삶이 윤택해지지만, 이를 악용하면 사회질서가 무너지고 삶의 행복지수가 낮아진다. 그래서 약속은 지켜질 때 의미가 있다.

인간은 태어나면서 죽을 때까지 약속의 굴레에서 벗어날 수 없다. 크게는 국가와 국가 간의 약속에서부터 작게는 개인과 개인 간의 약속은 물론, 자신에게 하는 약속까지 다양하다. 예컨대 신호등은 운전자와 보행자의 약속이다. 이러한 약속이 무너질 때, 인간의 삶은 아비규환의 늪에 빠져 혹독한 시련을 겪을 수밖에 없다. 약속이 지켜져야 하는 이유가 바로 여기에 있다.

횡단보도에서 가끔 신호 규정을 무시하고 무단횡단을 하는 사람이 있다. 규정을 위반하고 건너봐야 고작 1, 2분 차이일 뿐인데, 그걸 참지 못하고 위반을 서슴지 않는 사람들을 볼 때면 안타깝기 그지없다. 그것은 약속의 중요성을 상실한 사람들이 범하는 아주 잘못된 근시안적인 행동이다.

어떻게 민주시민이라 자처하는 사람들이 어린 학생들이 지켜보는 앞에서 버젓이 질서 위반을 하는 걸까? 지켜야 할 약속을 지키지 않는 사람은 약육강식의 원리가 적용되는 밀림의 세계를 경험해 봐야 한다. 밀림의 세계는 강자가 판을 치는 세상이다. 밀림에서 약자는 철저하게 유린당하면서 죽음보다 더 고통스러운 삶을 살아간다. 밀림의 세계에서는 약속이 필요 없다. 그 이유는 무슨 일이나 힘의 논리로 귀결되기 때문이다. 그런 삶을 살아보면 약속이 얼마나 중요한지 이해할 수 있다.

더불어 살아가는 공동체의 삶에서 '나 혼자 어쩌랴?' 하는 생각은 대단히 위험한 일이다. 그 많고 많은 사람 중에 나 혼자 그것을 지키지 않는다고 해서 잘못될 일은 없을 거라는 안이한 생각이 사고를 부른다. 다른 사람은 약속을 지켜야 하고 나는 지키지 않아도 된다는 오만한 생각은 건강한 사회관계망을 훼손하는 일이다. 사회적 약속은 누구를 막론하고 반드시 지켜야 하고, 또 이를 위반하는 행위는 철저하게 단속해야 한다. 그 이유는 그것이 우리 사회를 살찌우는 일이기 때문이다.

안타깝게도 이기주의자들이 발붙이고 사는 사회엔 약속이 무너진다. 모든 삶이 자기에게 맞춰지다 보니 공동체적인 삶은 별로 의미가 없다. 그러다 보니 모든 행동이 자기중심적인 사고에서 벗어나지 못한다. 배려와 존중이 없고 약속이 지켜지지 않는 사회엔 이기주의가 판을 친다. 그런 사회에서 살고 있는 자신을 생각해 보면 답이 나온다.

사람들은 하루에도 크고 작은 약속을 한다. 그런데 친하다는 핑계로 약속을 소홀히 하면 그 관계도 틈이 생긴다. 그것이 약속을 지키기 싫어도 지켜야 하는 이유다. 삶에서 약속은 그만큼 중요하다. 절대 소홀히 해서는 안 되는 이유이기도 하다.

공동체적인 삶 속에서 예절을 지키고, 질서를 지키고, 규정을 지키는 것도 약속이다. 필요에 따라 돈을 빌리고 갚는 일도 마찬가지다. 그 약속을 지키지 않는 사회는 폭력과 무질서가 난무하지만, 약속을 준수하는 사회는 존중과 배려가 넘치는 믿음의 사회다. 그런 삶을 위해 약속을 지켜야 한다. 그것이 부끄럽지 않은 삶을 사는 것이다.

내게도 쉽게 잊히지 않은 아름다운 약속 하나가 있다. 아내와 결혼하던 날 "이십 년이 되면 웨딩드레스를 입고 사진 촬영을 하자"고 했던 약속이다. 그래서 이십 년이 되는 해에 아내와 손을 잡고 웨딩 촬영을 했던 아름다운 추억을 가지고 있다. 잊어버리지 않고 그 약속을 지킬 수 있어서 기뻤다. 이때 쓴 수필이 「이십년의 약속」이다. 그 사진은 지금도 우리 집 거실 한편을 차지하고 있다.

약속했다고 해서 다 지킬 수는 없다. 나, 역시 약속을 지키지 못해 가슴을 졸여야 했던 일이 한두 번이 아니다. 문제는 그걸 당연하게 생각해서는 안 된다는 점이다. 약속을 지키지 못했다면 지킬 수 없었던 이유를 밝히고, 정중하게 사과해야 한다. 그런 태도가 뒷받침될 때, 인간관계망을 두텁게 할 수 있다.

약속이란 사소한 약속에서부터 중요한 약속까지 이루 셀 수 없을 정도로 많지만, 결국 약속은 지키기 위해 존재하는 것이다. 지키기 어려운 일이라면 처음부터 약속하지 말아야 한다는 게 내 생각이다. '약속을 지키는 것은 당신의 인격을 나타내는 것이다.'고 말한 루스벨트의 말을 생각해 본다.

연극「코리올레이너스」를 관람하다

연극이라는 단어는 내게 무척 낯설다. 언제 연극을 봤는지 모를 정도로 기억에 없다. 내가 살아오는 동안 연극을 보기는 한 걸까? 그것조차도 의문이다. 그런데 수필 쓰기 강의를 수강하는 제자가 연극배우로 무대에 선다는 반가운 소식을 들었다. 주변의 분위기에 휩쓸려 연극을 관람하게 되었다.

「코리올레이너스」라는 제목의 연극이다. 주변의 도움 없이 연극 제목조차 이해하기가 난해하다. 기본적인 배경지식도 없이 연극을 관람한다고 생각하니 이건 아닌 것 같다는 생각이 들었다. 그래서 인터넷을 뒤졌다.

이 작품『코리올라누스(Coriolanus)』는 영국이 자랑하는 유명한 소설가 셰익스피어의 비극 5막으로 구성한 글이다. 로마의 정치와 사회문제를 다룬 셰익스피어의 숨은 보석 같은 작품이다. 그가 푸르타르크스의『영웅전』에 등장하는 로마 장군 '가이우스

마르키우스'를 소재로 하여 쓴 작품이기도 하다.

오후 여섯 시에 혜화역 2번 출구에서 열두 명이 만났다. 모두가 배우 H와 인연이 있는 사람들이다. 한낮이 지났지만 끈적끈적한 땀이 불쾌지수를 높였다. 가을이 코앞인 대도 더위가 분수도 모르고 설쳐대고 있다. 마로니에 광장엔 빈 의자가 없을 정도로 많은 사람이 모여 그늘에서 더위를 식혔다. 하루의 해가 긴 그림자를 그리며 건물 사이로 몸을 낮췄다.

우린 에어컨 바람이 시원한 식당에서 맛있는 저녁 식사를 했다. 더위는 잠시 출장을 보냈다. 한국문학신문 발행인이 식사비 일체를 제공했다. 일곱 시가 되자 우린 자리를 털고 일어나 극장으로 이동했다. 연극 시작 10분 전에 입장한 극장은 60여 명이 들어갈 수 있는 아담한 소극장이었다. 극장엔 40여 명이 자리를 잡았다.

연극은 로마 장군 '카이어스 마아셔스'가 코리올리(Corioli)의 침략전쟁에서 승리한 뒤 자랑스럽게 개선한다. 그는 이 전쟁에서 '코리올리누스(Coriolianus)'라는 칭호를 얻는다. 그는 로마 최고의 직책인 집정관으로 추대되기에 이르지만, 오만함 때문에 반감을 사게 된다. 이에 따라 그는 반역자로 몰려 국가로부터 추방당한다.

이에 격분한 그는 적대세력인 볼스키군과 손잡고 로마로 진격하여 로마가 위기에 처하자, 불안에 떨던 이들은 그의 가족을 앞세워 설득에 나섰다. 가족들의 간곡한 설득에 따라 그는 공격을 멈춘다. 하지만 그를 기다리는 것은 죽음이었다. 연극은 여기서 주인공의 오만함이 비극적 운명을 불러온다는 설정으로 독자들에게 귀한 가르침을 준다.

연극이 진행되는 동안 극장은 배우들의 열정으로 뜨겁게 달아올랐다. 그들의 몸짓 하나하나에는 프로의식이 돋보였다. 눈빛은 말보다 더 많은 것을 이야기하고 있었다. 좋은 연기력으로 관객들을 매료시킨 그들은 단연코 최고 배우였다. 최선을 다한다는 것이 무엇인지 보여주는 무대였다. 연극을 방해하지 않고 관람하는 관객들의 매너도 아주 좋았다.

제자 H는 1인 3역을 부족함 없이 소화해 냈다. 그의 몸짓 하나하나에는 진정성이 묻어났다. 짧은 침묵 속에 담긴 그의 움직임은 절제되면서도 매우 자연스러웠다. 그는 시인이자 수필가며, 시 낭송가다. 그리고 기타 연주에 장애인 지도 선생으로 활동하는 대단한 여성이다. 그의 삶에 박수를 보내지 않을 수 없는 이유가 여기에 있다.

연극은 주인공의 죽음과 함께 끝났다. 110분간의 막이 내리자 기다렸다는 듯이 관객들의 힘찬 박수가 한동안 이어졌다. 최선을 다한 배우들에 대한 예우가 아니었나 싶다. 나 역시 손바닥이 얼얼하도록 손뼉을 쳤다. 고마운 마음을 듬뿍 담아서….

 마지막은 배우와 관객들이 하나가 되어 기념사진을 촬영한 장면이었다. 열연한 배우와 관객들의 얼굴에는 달덩이 같은 미소가 얼굴에 가득 담겼다. 멋진 제자 덕분에 본 연극은 내 무딘 가슴을 온통 수채화 물감으로 채색했다. 그 물감이 퇴색되는 날이 올지 모르겠다.

 극장을 나서자, 밤이 깊어지는 거리엔 후덥지근한 더위를 살랑대는 바람이 식혀주고 있었다.

〈국보문학 2024년 11월호〉

제주 여행 이야기

이번이 네 번째다. 올 때마다 그 느낌이 새로운 곳이다. 그래서 한 번도 실망해 본 적이 없다. 한껏 기대하고 제주행 비행기에 탑승했다. 그런데 출발이 지연되고 있다. 앞 비행기의 출발이 늦어져서 그렇단다. 팔순을 바라보는 세월 동안 기다리면서 살았다. 이제 기다림에 익숙해질 만도 한데, 기다리는 건 아직도 쉽지가 않다. 15분이 지난 뒤에서야 비행기가 이륙했다. 기다린 시간에 비해 비행시간은 고작 한 시간도 걸리지 않았다.

아내와 함께 제주 비행장에 내렸을 때는 점심 무렵이었다. 미리 도착한 사위가 렌터카를 몰고 딸과 함께 기다리고 있었다. 우린 곧바로 차를 타고 점심 식사 장소로 이동했다. 제주에서 해장국으로 유명한「함덕 골목」식당으로 가는 거라고 했다. 해장국이라 해서 별로 기대하지 않았다. 거의 한 시간을 달려 도착한 해장국집엔 많은 사람이 대기하고 있었다. 우리도 접수하고 순서를 기다렸다. 재료가 소진되면 더 이상 손님을 받지 않는다. 문제는 기다린다고 해서 식사를 할 수 있는 것이 아니다. 감사하게도 우리까지 식사할 수 있다는 주인장의 말을 듣고 느긋하게 기다렸다. 늦게 온 사람들은 입맛을 다시며 되돌아갔다.

  잠시 후 식사가 나왔다. 나와 딸은 해장국을, 아내와 사위는 내장탕을 받았다. 국물을 한 스푼 떠서 먹자, 느낌이 달랐다. 이제까지 먹었던 해장국과는 확연하게 차이가 났다. 그래서 점심을 맛있게 먹었다. 한 끼의 식사를 위해 멀리 왔지만, 후회하지 않았다. 그만큼 식사가 좋았다.

  기분 좋은 식사 후에는 소문난 제주 초당 옥수수 아이스크림 집을 찾았다. 낮게 내려앉은 잿빛 구름이 신경 쓰였다. 그럼에도 옥수수 아이스크림은 단연코 최고였다. 아이스크림을 좋아하지 않은 아내도 엄지를 치켜세웠다. 그만큼 입맛을 자극했다. 여행객들이 즐겨 찾은 이유를 알 것 같았다. 아이스크림을 먹는 와중에 먹구름이 무게를 감당하지 못하고 비를 뿌렸다.

  우리의 여행을 시샘하던 비는 그칠 기미를 보이지 않았다. 하늘은 무슨 억울한 사연이 그리 많아 눈물을 그치지 않는지 모르겠다. 우린 아쉬움 가득한 마음을 뒤로하고 비가 와도 구경할 수 있는 「해녀 박물관」으로 향했다. 이동 간에도 비는 그치지 않았다.

  해녀 박물관은 해녀 문화의 가치와 보전을 위해 2006년 건립되었다. 제주 해녀들의 생활상을 엿볼 수 있는 제1전시실, 해녀들이 사용하는 작업용 도구와 해녀 공동체를 소개하고 있는 제2전시실, 해녀들이 직접 전하는 생생한 이야기를 영상으로 만날 수 있는 제3전시실을 차례로 둘러보았다. 박물관을 둘러보는 도중 외국인들도 눈에 띄었다. 차분하게 구경하는 미국인들에 비해, 집중하지 못하고 가볍게 행동하는 중국인들이 비교되었다. 해녀박물관을 나오자 비가 가랑비로 바꿨다. 짬을 이용하여 광치기해변으로 이동했다.

광치기해변은 펄펄 끓던 용암이 바다와 만나 빠르게 굳어지며 형성된 지질 구조가 특징이다. 썰물 때면 바닷물에 잠겨있던 비경이 속속 드러난다. 용암 지질과 녹색 이끼가 연출하는 장관은 그 어디에서도 볼 수 없는 풍경이다. 이곳의 모래는 현무암이 오랜 세월에 걸쳐 풍화작용을 통해 만들어진 입자로 검은색을 띠고 있다. 우린 이곳 해변에서 관광객들과 사진을 찍으며 고운 추억을 담았다.

이어서 찾은 곳이 섭지코지다. 섭지코지는 제주방언 '좁은 땅'이라는 '섭지'와 곶이라는 뜻의 '코지'가 합쳐져서 이루어진 말이다. 이곳의 기암괴석들은 마치 수석 전시회를 방불케 하여 관광객들의 시선을 단숨에 빼앗는다. 하지만 비가 내리는 가운데, 바람까지 세차게 불어 제대로 구경도 하지 못하고 아쉬운 발길을 돌려야 했다.

  다음 날 아침 신비의 섬 우도를 방문하기 위해 안내소에 문의했으나 심한 비바람과 파도 때문에 출항할 수 없다는 답변을 들었다. 아쉬움을 뒤로한 채 호텔에서 가까운 함덕해수욕장과 창꼼(창구멍 난 돌), 그리고 북촌 환해장성 등을 가볍게 둘러보고 천년의 숲 비자림으로 향했다.

  비자림은 천연기념물로 지정하여 보호하고 있다. 500~800년생 비자나무 2,800여 그루가 밀집하여 자생하고 있다. 특히 826년이 된 최고령 비자나무는 '새천년비자나무'라는 이름으로 불리며 관광객의 사랑을 받고 있다. 이곳을 찾는 이들은 피톤치드 가득한 숲길을 걸으며 사진을 찍거나 탄성을 지르며 힐링시간을 가졌다. 우리가 그곳을 떠나는 순간에도 관람객들의 발길이 끊임없이 이어졌다.

  오후에는 다양한 포토 존과 체험 거리가 있는 '에코랜드'를 찾았다. 이곳에는 네 개의 역이 있다. 메인역은 에코랜드 기차여행의 출발역이자 종착역이다. 메인역에서 기차를 타고 첫 번째 역인 에코브리지역에 내려서 두 번째 역인 레이코사이역까지 주변 정경을 감상하며 걸어서 이동했다. 광활한 호수를 가로지르는 수상테크길과 호수섬을 여유롭게 둘러볼 수 있는 수변 산책길을 따라가면 아름다운 호텔과 만날 수 있다.

두 번째 역은 목초지를 이용하여 만든 호수와 물을 이동시키는 풍차가 있는 이국적인 역이다. 동백과 수국으로 가득한 삼다정원에는 다양한 포토 존이 관람객을 기다리고 있다. 그곳에서 추억을 담는 가족과 연인들의 모습이 참으로 곱다. 관람이 끝나면 사람들은 세 번째 역인 포레스트파크역으로 이동한다.

포레스트파크역은 어린이들의 천국이다. 어린이를 동반한 가족들은 아이들에게 좋은 추억을 선물 할 수 있다. 우린 1.9㎞의 거리를 걸으며 숲 힐링 체험을 만끽했다. 이곳을 찾는 사람이 많지 않아 가족이나 연인들이 오붓하게 즐길 수 있는 코스다. 다시 기차를 타고 네 번째 역인 라벤더역에 도착했다.

네 번째 역에서 우린 라벤더 향이 물씬 풍기는 길을 따라 초원으로 향했다. 초원에서 한가롭게 풀을 뜯고 있는 미니 말 포니가 있는 곳으로 이동하여 당근을 주기도 하고 함께 사진도 찍으며 행복한 시간을 만끽했다. 그리고 잠시 짬을 내서 따뜻한 물에 발을 담그며 노천욕을 즐겼다. 피로가 저절로 풀리는 행복한 시간이었다. 이후 기차를 타고 메인역으로 돌아오기까지 무려 2만 보 넘게 걸었다.

제주에서 마지막 날 아침, 다시 우도에 가기 위해 안내소에 전화를 걸었다. 우도 입항이 가능하다는 연락을 받고 곧바로 매표소로 출발했다. 그곳엔 이미 많은 관광객이 줄을 이었다. 지체하지 않고 입항 신고서를 작성하여 우도 입도를 위해 승선권을 예매했다. 렌터카도 함께 배에 실었다. 성진항을 출발한 유람선은 10여 분이 지나자, 우도 천진항에 도착했다.

牛島우도는 화산활동의 결과로 이루어진 화산섬이다. 우도의 명칭은 물소가 누워있는 모습에서 유래했다고 전해지고 있다. 우리는 렌터카를 타고 해안도로인 우도 올레길을 따라 이동하며 구경도 하고 사진도 찍고, 맛있는 음식도 먹으며 즐겼다. 땅공마을에선 땅콩도 샀다. 올레길은 총길이 11.3㎞로 일 년 내내 쪽빛 바다 빛깔을 자랑하는 우도의 절경을 즐길 수 있는 환상적인 코스다. 점심시간이 지나도록 우리는 우도에서 마지막 날을 보냈다.

우도에서 나와 첫날 허탕을 치고 돌아서야 했던 섭지코지를 찾았다. 비바람은 마지막 날까지 심술을 부렸다. 우산을 제대로 쓸 수 없을 정도였다. 결국 우린 정상을 눈앞에 두고 발길을 돌려야 했다. 출산을 2개월 남짓 남겨둔 딸 때문이었다.

오후 3시가 가까워진 시간에 늦은 점심을 먹고 제주공항으로 이동했다. 좋지 않은 기상 조건에서도 제주는 우릴 실망시키지 않았다. 수시로 날씨가 변덕을 부렸지만, 계획했던 곳에 대한 구경은 제대로 했다. 음식까지도 좋았던 2박 3일간의 여정은 최고의 시간이었다. 앞으로 제주가 내게 또 어떤 기대감을 갖게 해 줄지 그날이 기다려진다.

〈문예운동 2025년 봄호〉

아내에게 부치는 편지

편지라는 말만 들어도 설레던 시절이 있었습니다. 그런데 지금은 설렐 일이 없습니다. 그만큼 살아온 세월의 길이가 내 삶을 무디게 한 게 아닐까 싶습니다. 그래서 오늘은 당신을 처음 만났던 날을 추억하며 설렘을 느껴 보려 합니다.

사랑하는 당신은 꽃다운 나이에 나와 만났습니다. 당시 나는 아무것도 가진 게 없는 가난한 군인이었습니다. 심성이 곱고 착한 당신은 한 떨기 고운 장미였습니다. '살면서 고생시키지 않겠다'는 약속은 공허한 메아리가 되었습니다. 회고하건대 당신은 내게 차고도 넘치는 사람이었습니다. 당신은 하늘이 내게 점지해 준 사람이 아니었나 싶습니다.

새댁이었던 당신은 奧地오지로 소문난 강원도 양구 방산에서 어린 딸과 살았습니다. 난, 최전선 철책에서 근무하며 한 달에 한 번 외박을 나왔지요. 전방의 겨울 날씨는 수도꼭지가 얼어붙을 정도로 추웠습니다. 그럴 때면 당신은 앞 개울에서 얼음을 깨고 시린 손 호호 불며 딸 기저귀를 빨아야 했습니다. 저녁이면 낡은 관사 천장에서 서생원이 경주하다 이불에 떨어져 혼비백산했을 당신을 생각하니 순간 연민의 정이 가슴 속에서 일렁거립니다.

　당신은 몇 푼의 돈을 아끼려고 연탄을 머리에 이고 아파트 3층을 오르내렸습니다. 300장의 연탄을 나르며 얼마나 힘이 들었을까요. 퇴근 후 그 이야기를 듣고 내색하지는 않았지만, 얼마나 마음이 짠했는지 모른답니다. 그런 당신만 보면 지금도 가슴이 먹먹해집니다. 덕분에 우리 집 행복은 담쟁이넝쿨처럼 한 뼘씩 자랐습니다. 소중한 당신의 곱고 고운 마음 고이 접어 내 무딘 가슴에 담습니다.

　가난에 찌든 콤마 이하의 삶을 살아오면서도 당신은 불만을 드러내지 않았습니다. 구멍 난 속옷을 입은 당신을 바라볼 때면 가장으로서의 무능을 탓했습니다. 당신만 생각하면 부족하기 짝이 없었던 나 자신이 한없이 미워집니다. 그땐 마음이 여린 당신을 따뜻하게 감싸주지도 못했습니다. 가만히 생각해 보면 난, 남편 자격이 없는 무지렁이였습니다. 그 생각만 하면 부끄러운 마음이 앞을 가립니다.

　세상살이에 잠방이었던 나는 당신에게 전혀 도움을 주지 못했습니다. 집안 살림은 나 몰라라 한 채 부대 근무가 전부라는 생각으로 올인했습니다. 그렇다고 해서 부대 근무를 잘한 것도 아닙니다. 난, 그렇게 어리석은 삶을 살아온 천하에 둘도 없는 바보였습니다. 때늦은 후회로 내 가슴은 까맣게 타올라 한 줌 재가 됩니다.

내가 부대에서 늦게 퇴근해도 당신은 쏟아지는 졸음을 이겨내며 나를 기다렸습니다. 또 아무리 아침 일찍 출근해도 따뜻한 식사를 하고 출근하도록 배려해 주었습니다. 당신의 한결같은 고마운 마음은 그 무엇으로도 그 가치를 따질 수 없는 거룩함, 바로 그것이었습니다. 지금 생각하면 난, 아내 복을 타고난 사람이 분명합니다. 감사한 마음을 담아 당신의 가슴에 희망의 샘을 파 드리고 싶습니다.

한여름의 소나기처럼 쏟아지는 당신의 잔소리에 필요 이상의 반응을 보였습니다. 밴댕이 소갈딱지 같은 마음이 시시각각 균열이 생길 때마다 내 마음의 지퍼를 내리고 싶었습니다. 그럴 때면 알량한 자존심을 앞세워 당신의 기분을 언짢게 했습니다. 그 잔소리가 나에 대한 관심이자 사랑이라는 걸 너무 늦게 알았습니다. 늦었지만, 그 관심과 사랑에 고마움을 전합니다. 그 고마움만 생각하면 내 마음속엔 보름달이 떠오릅니다.

당신과 함께해 온 세월만 해도 벌써 강산이 네 번이나 바뀌었습니다. 그 세월 동안 난 콧대가 세고 성깔이 도도한 나무 한 그루를 가슴에 키우며 살았습니다. 그러다 보니 당신을 힘들게 했습니다. '아내 말을 들으면 자다가도 떡이 생긴다'는 말이 생각납니다. 그 말의 의미를 되새기며 이제부터라도 당신을 존중하며 살겠습니다. 당신이 내게 했던 것처럼 앞으로 당신을 내 삶의 맨 앞자리에 두고 정성을 다할 것을 거듭거듭 약속합니다.

 칠십 평생을 살아오는 동안 당신은 그 누구도 함부로 대하지 않았습니다. 그럼에도 당신을 하찮게 생각하고 함부로 대하는 어리석은 사람들을 보면서 매우 안타까웠습니다. 하지만 당신은 그런 사람들까지도 챙기며 정성을 다했습니다. 마음속에 폭풍우가 몰아쳐도 당신의 얼굴은 잔잔한 호수였습니다. 그래서 사람들은 당신을 "날개 없는 천사라" 했나 봅니다. 그 생각만 하면 그리움이 강둑을 범람합니다.

 당신이 나를 만나지 않았더라면 더 좋은 사람 만나 아주 행복했을 거라는 생각을 해 봅니다. 그럴 때면 무거운 저울추를 매단 것처럼 마음이 무거워집니다. 그것이 내가 당신에게 무조건 잘 해야 하는 이유라 생각합니다. 지금까지 부족한 남편을 잘 챙겨줘서 고맙습니다. 앞으로 얼마나 더 살지 모르겠지만, 내게 남아있는 시간이나마 그 고마움 조금씩 갚아 나가겠습니다.

 당신이 지난 40여 년 동안 알뜰살뜰 가꾸어온 보금자리는 내게 도피처였고, 위로였고, 꿈꾸는 둥지였으며, 행복이 꽃피는 낙원이자 안식처였습니다. 왜 당신만 생각하면 구름 위를 걷는 기분이 들까요. 우리 식구들이 행복을 누릴 수 있도록 애써온 당신에게 감사패라도 하나 만들어 드려야겠습니다. 그리고 당신과 나와의 관계가 좀 더 나아질 수 있도록 노력을 멈추지 않을 겁니다.

오늘 당신에게 편지를 쓰다 보니 참으로 오랜만에 설렜습니다. 그 설렘을 느꼈던 때가 언제였는지 가늠하기 어렵지만, 오늘만큼은 너무너무 좋았습니다. 펜을 놓는 이 순간에도 내 가슴 속으로 흰 구름이 두둥실 떠가고 있습니다. 그렇게 보니 당신에게 사랑한다는 말도 제대로 하지 못했네요. 여보! 당신을 사랑합니다. 사랑합니다. 그리고 많이많이 사랑합니다. 당신을 사랑하는 남편이….

〈창조문예 2025년 5월호〉

경비원 K 씨의 이야기

살아가면서 좋은 사람과 만난다는 건 대단한 행운이다. 그런 행운을 얻는다는 것은 하늘에서 별을 따는 것만큼 어려운 일이다. 그 대상이 훌륭한 사람일 수도 있고 그렇지 않을 수도 있다. 내가 만난 좋은 사람은 경비원 K 씨다.

12년 전 경비원 K 씨가 우리 아파트와 인연을 맺었다. 그는 키가 작고 뚱뚱하고 배도 나왔다. 걸음걸이도 오리처럼 뒤뚱뒤뚱 걸었다. 얼굴도 크고 이마엔 주름살이 세월의 흔적을 보여주고 있었다. 경비복을 입은 그의 행색 역시 초라했다. 그것만으로 본 그의 인상은 상대방에게 좋은 인상을 심어 주기엔 뭔가 부족했다.

관리소장에게 잘 보였는지 그는 정문에서 아파트 얼굴마담이 되었다. 오다가다 만나면 언제나 얼굴 가득 미소를 지으며 인사를 건넸다. 항상 먼저 "좋은 하루 보내라"며 태풍에 꺾인 갈대처럼 허리를 깊숙이 숙였다. 어린아이들에게도 "안녕"이라며 손을 흔들었다. 인사를 받아주는 사람도 있지만, 그냥 모른 척 지나가는 사람도 있었다. 그럼에도 개의치 않고 그는 인사를 계속했다. 처음에는 어색해하던 사람들도 K 씨의 행동이 반복되자 서로가 인사를 주고받는 사이가 되었다. 아이들은 K 씨가 보이지 않으면 경비실에서 일하는 그를 보고 인사를 할 정도로 변했다. 한 사람의 행동이 많은 주민을 변하게 했다.

　인사뿐만 아니라 그는 참으로 부지런한 사람이었다. 이른 아침부터 정문 주변에 떨어진 낙엽을 줍거나 쓸어 깨끗한 아파트를 만들었다. 주위엔 낙엽 한 잎 없이 깨끗했다. 비가 오나 눈이 오나 한결같은 그의 모습이 인상적이었다. 내 집 관리하기도 어려운데 경비원으로 근무하면서 많은 주민을 변하게 만든 그가 대단하다는 생각이 들었다. 그리고 입구에 자라는 나무나 꽃에 물을 줘서 항상 싱그러운 아파트로 만들었다. 한 사람의 노력이 아파트 이미지까지 바꿀 수 있다는 게 신기했다.

　그가 근무하는 날은 이틀에 한 번뿐이지만, 그가 보이지 않으면 사람들은 괜히 주변을 두리번거렸다. 무슨 먹을거리가 있으면 갖다주며 관심을 보였다. 우리 아파트에서 그의 인기는 하늘을 찔렀다. 아무도 그를 비난하는 사람은 없었다. 그는 자그마치 12년 넘게 근무했다. 그러다 보니 마치 아파트 주민인 것처럼 친숙

했다. 그를 좋아하지 않은 사람이 없을 정도로 그는 자기 관리가 철저한 사람이었다. 그와 함께했던 날들은 TV 광고에서 '사람은 자기 하기 나름이다'라는 말의 의미를 되새겨 보는 날들이었다.

그런 그가 갑자기 아파트에서 사라졌다. 아무 말 없이 보이지 않자, 주민들은 그의 행방을 수소문하기 시작했다. 올해 우리 나이로 여든하나가 된 그는 좀 쉬고 싶다는 생각이 들어 사직했다는 것이다. 그 말을 들은 주민들은 아쉬워했다. 그가 떠난 아파트 정문은 과거로 돌아갔다. 낙엽은 바람에 휘날리고 물을 먹지 못한 나무들은 싱그러움을 잃어 갔다. 그렇게 사람 냄새 가득했던 아파트엔 깊은 정적만이 감돌았다. 있을 때는 당연하게 생각했는데, 그가 남기고 간 자리엔 그리움만 맴돌았다.

나도 그의 미소가 아른거려서 한번 만나고 싶었다. 그래서 K 씨와 형님 동생 하며 지내던 L 씨에게 부탁하여 식사 약속을 잡았다. 그리고 지난 일요일 점심시간에 만났다. 그의 표정은 변함없이 밝았다. 식사하며 막걸리 한잔을 걸치자, 내가 미처 알지 못했던 이야기를 들을 수 있었다. 같이 근무하던 L 씨의 가족이 암 투병 중이라서 경제적 어려움이 컸단다. 그걸 눈치챈 K 씨는 30만 원을 봉투에 넣어 쾌유를 빌며, L 씨에게 전달했다. 피를 나눈 형제도 하기 어려운 일을 그는 망설임 없이 한 것이다. 남을 위해 자신의 소중한 권리를 포기하는 그를 보며 겉으론 표현하지 않았지만, 두고두고 좋은 사람이라는 걸 알게 되었다.

K 씨와의 만남을 통해 나는 과연 잘 살아왔는지 생각해 보는 시간을 가졌다. 우린 사람의 겉모습만 보고 그 사람을 판단하여 실수를 범하는 경우가 있다. 하지만 그 사람의 참모습은 겉으로 드러나는 게 아니다. 언제나 자신의 자리에서 최선을 다하는 그를 생각하면 정말 대단하다는 생각을 지울 수 없다. 한줄기 순간의 빛처럼 지나갈 내 인생을 나는 무엇으로 채워가야 할까? 눈사람처럼 희디희게 표백되는 향기 나는 그의 삶을 생각하며 그리움의 씨앗을 파종한다.

〈한국전쟁문학 2025년 봄호〉

거룩한 만남

겨울을 재촉하는 비가 추적추적 내리던 늦가을 아침 날씨가 온통 잿빛이다. 궂은 날씨에도 사람들은 출근 준비로 부산하다. 아침 일찍 서둘러야 할 일이 없는 우리 부부도 오늘은 서둘러 집을 나섰다. 대구행 열차를 타기 위해서다. 오늘은 우리 부부가 늦깎이 할아버지·할머니가 되는 날이다.

마흔을 훌쩍 넘긴 딸이 손녀를 분만하는 날이다. 고위험 산모라는 꼬리표를 달고 살다 보니 불안했다. 우리가 병원에 도착한 시간은 점심때였다. 딸은 오후 한 시에 예약돼 있다고 했다. 그래서 서둘렀다. 점심도 먹지 못하고 기다렸는데 세 시가 되어서야 수술실로 이동했다. 그런데 웬일인지 다시 병실로 되돌아갔다. 갑자기 응급환자가 발생했단다. 의사가 부족해서 생긴 일이다. 또 얼마를 기다려야 할까? 기다리는 순간이 불안감으로 이어진다. 우린 서울로 상경하는 기차표를 늦은 시간으로 바꿔야 했다.

그렇게 애를 태우며 기다리던 딸은 네 시가 넘어서야 다시 수술실 입구로 내려왔다. 딸은 씩씩하게 "잘하고 오겠다"는 말과 함께 미소를 지으며 수술실로 들어갔다. 이후 전광판에는 수술 준비 중이라는 안내가 떴다. 초조하게 기다리는 시간은 우릴 비웃기라도 한 듯 침묵하며 흘러갔다. 드디어 수술 중이라는 안내로 바뀌었다. 수술을 시작하자 그동안 졸였던 마음이 놓이는 순간이었다.

수술을 시작한 지 십오 분여가 지나자, 간호사에 의해 손녀딸과 만남의 시간을 가졌다. 새 생명과 거룩한 인연이 시작된 것이다. 오후 4시 47분에 태어난 손녀딸이 낯선 세상과 마주했다. 처음 만난 손녀의 장난감 같은 조막만 한 얼굴은 농익은 홍시처럼 붉었다. 아직 세상을 볼 준비가 안 된 탓인지 두 눈을 질끈 감고 있다. 얼굴엔 하얀 거품이 덕지덕지 묻어있고, 머리칼은 수세미처럼 제멋대로다.

손녀와의 만남은 오랜 기다림이었고, 설렘이었으며, 축복이자 행복의 징검다리였다. 오래도록 볼 수 있었으면 좋았을 텐데 그냥 스쳐 지나가는 듯한 짧은 만남이라서 아쉬웠다. 또 언제쯤 만날 수 있을지? 그땐 어떤 모습을 하고 나타나서 날 행복하게 해 줄지 기대가 크다.

갓난아기는 누구를 막론하고 생김새가 비슷하다. 어른들은 그런 아기를 두고 누구를 닮았다는 둥 말한다. 아직 이목구비도 뚜렷하지 않은 아기를 두고서 말이다. 그건 자신에게 위안을 받고자 하는 말 이상도 이하도 아니다. 사위는 자신의 핏줄을 이어받은 아기를 보며 믿기지 않은 듯 신기해했다.

딸은 회복실에서 한 시간이 지나서야 병실로 이동했다. 병실에서 마주한 딸은 제왕절개로 분만한 터라 무척 힘겨워했다. 그런 모습을 보고 귀가하는 마음은 안타까웠다. 열차를 타고 상경하면서 사위가 보내준 손녀의 사진을 보며 피곤함도 잊었다. 또 언제쯤이나 이런 행복감에 젖어 볼 수 있을지 모르겠다. 그럼에도 우리 부부는 지금껏 자식들에게 아이 문제로 부담을 준 적은 없다. 앞으로도 그럴 것이다. 자식들 역시 그들만의 삶의 방식이 있을 테니 말이다.

아침 일찍부터 서둘렀던 탓에 피곤했는지 아내가 졸고 있다. 열차는 열한 시 무렵 수서역에 도착했다. 지하철역을 나와 보니 첫눈이 내리고 있었다. 손녀와 함께 찾아온 축복의 눈이 세상을 하얗게 덧칠하고 있었다. 동심의 세계로 빠져든 아내는 마냥 신이 났다. 오늘은 이래저래 기분 좋은 하루가 아니었나 싶다. 집으로 가는 동안에도 하얀 눈은 소리 없이 내리고 있었다.

〈3사문학 2025년 제27호〉

아직 이루지 못한 새해 소망 하나

해가 바뀔 때면 왠지 마음이 착잡해진다. 살아온 세월의 길이가 길어질수록 그런 생각에서 벗어나기 어렵다. 늘 해온 일이지만 새해엔 뭔가 새로운 일을 계획하고 이를 실천하고자 다짐하지만, 연말이 되면 부끄러움이 먼저 고개를 내민다. 이는 연례적으로 반복 해온 내 恥部치부 중 하나다.

시작보다 더 어렵고도 소중한 한 해의 마무리를 좋은 추억으로 가득 채우고 싶은 마음 굴뚝같다. 하지만 그건 이미 답이 나와 있어 어찌해 볼 수 있는 일이 아니다. 한 해의 끝은 바로 새로운 시작을 의미한다. 숨 가쁘게 달려온 지난 한 해를 자성하면서 무한한 가능성을 담보해 주는 乙巳年을사년 새해의 출발을 꿈꾼다.

매년 이맘때가 되면 내 가슴엔 언제나 보름달이 뜬다. 그 보름달에 담긴 아직 마무리하지 못한 소망 하나를 실현하기 위해 새해 벽두부터 정성을 다해보려 한다. 지금까지 내가 계획했던 소중한 꿈을 실천하지 못한 것은 아는 것만큼 보이지만, 보이는 것만큼 느끼지 못했기 때문이 아닌가 싶다. 그래서 많이 읽고 쓰면서 끝장을 보겠다는 마음으로 그 꿈을 향한 당찬 발걸음을 내딛는다.

생각만 산더미처럼 쌓아놓고 아무런 행동을 하지 않으면 변화는 절대 일어나지 않는다. 그래서 올해는 행동으로 실천하기 위해 비장한 각오로 임할 생각이다. 지난 몇 년 동안 생각해 온 꿈을 향해 적극적이고 간절함을 담아 도전 의지를 다진다. 설령 실패를 반복하더라도 그것은 그것 나름대로 의미가 있을 것이다.

사실 난 학창 시절부터 글을 썼다. 하지만 직업군인으로 살다 보니 작품 활동을 할 수 있는 여건이 안 됐다. 그런 이유로 다른 사람에 비해 늦은 나이에 등단이라는 과정을 거쳤다. 올해가 등단 30년이 되는 해다. 이를 계기로 삼아 독자들로부터 인정받는 저서를 출간해 보려 한다. 그렇다고 누구나 쉽게 쓰고 누구나 쉽게 발표하는 그런 글을 말하는 게 아니다.

세상이 하얀 옷으로 갈아입으면, 그 꿈을 실현해야겠다는 의지를 불태운다. 지금까지 열여덟 권의 저서를 출판했지만, 마음에 드는 저서는 없다. 그래서 갖게 된 내 마지막 꿈이 독자들로부터 인정받는 저서를 출간하는 것이다. 쉽지 않은 일이라는 걸 알지만, 해를 거듭할수록 조바심이 친구 하자며 시도 때도 없이 찾아온다. 그건 이제 피하고 싶어도 피할 수 없는 나이가 되었다는 증거다. 그렇게 보면 그 꿈을 꾸며 달려온 시간은 내게 바람이었다.

보려 하지 않은 사람에게 길은 그 모습을 드러내지 않는다. 더욱이 보려는 마음이 없으면 보아도 보이지 않는다. 그래서 무슨 일이든 간절함을 담아야 하고, 한번 마음먹으면 적극적으로 행동으로 옮겨야 한다. 그 누구도 자신이 가야 할 길을 대신 걸어줄 수 없다. 일을 추진하면서 '어진 사람은 걱정하지 아니하고, 지혜로운 사람은 매혹되지 아니하며, 용기 있는 사람은 두려워하지 않는다'고 했다. 이는 새해에 내가 다져야 할 마음가짐이다.

지금까지 살아오는 동안 시간을 저축해 둘 수 없었다. 허투루 보낸 시간이 많아질수록 悔恨회한으로 고민이 깊어진다. 세상이 아무리 변해도 시간은 멈추지 않는다. 그 덕분에 밤이 지나고 아침이 찾아오는 자연의 섭리는 변함이 없다. 나이가 더해질수록 그냥 버려지는 시간이 아깝다. 더 이상 시간 낭비하지 않기 위해서라도 올해는 소망한 그 꿈을 실현하기 위해 마음 다그쳐 먹는다.

꿈을 멈춰버리면 인생은 빛바랜 풍경화일 뿐이다. 누구나 보고 느낄 수 있으나 깨닫지 못하는 것을 찾기 위해 노력하는 작가로 거듭나고 싶어 나는 오늘도 꿈꾼다. 나 자신에게 부끄러움을 되풀이하지 않기 위해서라도 피와 땀과 눈물을 쏟아 낼 작정이다. 이를 위해 올해만큼은 '어리석은 사람은 꿈을 미루고 현명한 사람은 꿈을 만들어간다'는 말의 의미를 가볍게 생각하지 않을 것이다.

내 마음을 알아주기라도 하듯 새해 아침의 파란 하늘이 마치 비누로 씻어낸 것처럼 곱다.

〈수필문학 2025년 1·2월호〉

무심한 사람

신비로운 우주의 법칙은 변함이 없습니다. 그제가 어제 같고, 어제가 오늘 같은 하루는 현재진행형입니다. 그런데 어제까지 멀쩡했던 사람이 갑자기 하늘나라로 소풍을 떠났습니다. 어떻게 그런 일이 벌어질 수 있을까요. 안타깝기 그지없습니다.

지난 11월 말, 저녁 야심한 시간에 친척으로부터 전화를 받았습니다. 평소에는 전화를 주고받을 일이 없는 친척이라서 가슴이 덜컥 내려앉았습니다. 좋지 않은 예감은 한 번도 비껴가는 법이 없습니다. 아니나 다를까 건강했던 큰처남이 이승을 떠났다는 겁니다. 마른하늘에 날벼락이 따로 없었습니다. 지금 나이로 예순 일곱은 청춘입니다. 그런 처남이 다시는 돌아올 수 없는 강을 건넜습니다.

그 소식을 잠자리에 든 아내에게는 알리지 않았습니다. 알린다고 해도 달라질 게 없는데, 괜히 잠을 망칠 수 있겠다 싶었습니다. 난, 처남과의 기억을 더듬으며 뜬눈으로 밤을 지새웠습니다. 머릿속은 마치 헝클어진 덤불 같았습니다. 아침에 아내에게 처남의 죽음을 알리자, 우리 집은 금방 울음바다가 되었습니다.

충격이 컸던 탓인지 아내는 울음을 그칠 기미가 보이지 않았습니다. 아내는 "내 동생은 그렇게 가면 안 돼"라며 통곡의 눈물을 흘리고 또, 흘렸습니다. 왜 안 그렇겠습니까? 평소 믿고 의지하며 모든 일을 상의해 오던 동생이었는데…. 옆에서 보는 나도 가슴이 미어지는데, 당사자인 아내는 감당하기 어려운 소식이었을 겁니다.

조치원에 있는 장례식장으로 가는 버스에서도 아내의 흐느낌은 계속되었습니다. 그런 아내를 바라보는 난 어떻게 해야 할지 갈피를 잡지 못했습니다. 특히 장례식장에 도착하여 영정사진을 본 순간 잠시 멈췄던 아내의 통곡은 다시 시작되었습니다. 이를 지켜보는 이들의 가슴을 시리게 만들었습니다. 아무리 달래고 뭐라 해도 소용이 없어 난감했습니다. 울다 지친 통곡은 두 시간여 동안 이어졌습니다. 그런 아내의 얼굴은 물에 불린 미역처럼 퉁퉁 부어 말이 아니었습니다.

다음 날 아침 처남의 마지막 모습을 보기 위해 가족과 친구들이 영안실로 향했습니다. 그곳엔 처남이 평온한 모습으로 누워 있었습니다. 정말 귀공자가 따로 없는 거룩한 모습이었습니다. 아내는 누워있는 처남의 얼굴을 쓰다듬으며 소리 내 울었습니다. 한 번 터진 울음보가 장마에 터진 둑처럼 무너져 내렸습니다. 영안실은 순식간에 울음바다로 변했습니다. 그 작은 체구 어디에 그 많은 눈물을 담고 있었는지 이해할 수가 없습니다. 아내의 눈물샘은 화수분처럼 끝이 없습니다.

 주변의 만류에 어느 정도 진정되자, 장례사가 가시는 분에게 마지막으로 하고 싶은 말이 있으면 하라고 했습니다. 온 식구들이 돌아가면서 말을 마친 뒤에 친구들이 함께했습니다. 나는 처남에게 들려주고 싶어 아침에 급하게 쓴 弔詞조사를 낭독했습니다.

먼 길 떠나는 당신에게

 어제 떴던 해가 오늘도 떴습니다. 세상은 변한 게 하나 없습니다. 그런데 우리 곁을 든든하게 지켜주던 당신은 이제 없습니다. 무엇이 그리 급해 눈에 밟히는 사랑하는 가족을 남겨두고 서둘러 가야만 했을까요?

 남아있는 가족들은 어떻게 하라고 한마디 말도 남기지 않고 그렇게 가셨습니까? 당신은 가족들의 통곡 소리를 진정 듣지 않고 계신 겁니까? 망연자실하고 있는 가족들의 모습이 태풍 앞의 촛불처럼 위태롭기 짝이 없습니다.

우린 이제 당신이 남기고 간 그 흔적들을 기억하며 한숨 속에 당신의 모습을 곱게 담아 추억의 징검다리를 건너게 될 겁니다. 언제나 자신보다 가족들을 먼저 챙기던 그 따뜻한 마음이 우릴 힘들게 할 겁니다. 그럴 때면 우린 당신이 주고 간 그 추억을 품에 안고 강물처럼 도도하게 흐르는 따뜻한 사랑을 그리워하게 될 겁니다.

보내고 싶지 않지만, 당신이 더 편안해질 수 있다면 우린 서러운 마음 내려놓고 고이 보내드릴 겁니다. 부디 이승에서 누리지 못한 행복 그곳에서 마음껏 누렸으면 좋겠습니다. 그동안 수고 많았습니다. 조심해서 잘 가십시오.

사랑하는 가족 일동

먼 길 떠나는 처남이 어려운 일을 처리하는 가족들을 잘 지켜봤을 것입니다. 옆에서 지켜보는 내가 참으로 마음 든든했습니다. 아마 처남도 마음 놓고 갈 거라 믿습니다. 아무리 그래도 처남이 무심하다는 생각만큼은 저버릴 수 없습니다. 어떻게 한마디 말도 남기지 않고 갔는지? 언젠가 내게 그 이유를 알려줄 거라 믿습니다. 그때까지 기다려 보렵니다.

〈청향문학 2025년 제3호〉

문협 임원 선거를 마치고

'**선**거는 민주주의의 꽃'이라는 말이 있다. 그 말은 우리네 삶에 있어서 선거가 중요한 역할을 한다는 의미일 것이다. 이번에 한국문인협회 제28대 임원 선거를 치렀다. 4년마다 한 번씩 치르는 공식 행사다. 그 선거에 '선거관리위원'이라는 감투를 썼다. 어찌 됐든 15,470명의 회원 중에서 선발된 일곱 명 중에 한 명이 됐다. 선거관리위원 구성은 남성 작가가 네 명, 여성 작가가 세 명이다. 위원 외에도 위원장과 간사 포함 총 아홉 명이다. 선거 90일 전인 2022년 10월 27일, 문인협회 이사장으로부터 위촉장을 받았다. 이미 선거를 한 번 내지 두 번씩이나 선관위원으로 경험한 이들도 있어 순조롭게 선거가 진행될 것으로 생각했다.

그런데 선거가 시작하기도 전에 '선거에서 이기고 투표에서 진다'는 이야기가 회자되고 있었다. 선거가 끝나고 소송으로 이어진 사례도 있다는 사실 앞에서 마음이 무거웠다. 그래서 우린 큰 일은 작게 만들고, 작은 일은 조용히 처리한다는 생각으로 업무를 시작했다.

사실 직접 선거에 개입하지 않고 집에서 우편물을 받아 투표할 때는 선거관리위원들의 고충 따위는 염두에 두지 않았다. 하지만 선거관리위원으로서 선거 업무를 하다 보니 얼마나 심적으로 부담을 주는지 알 수 있었다. 세상살이가 쉬운 게 하나 없다는 생각이 들었다.

처음 업무를 시작할 때는 여유를 갖고 일정계획을 수립하여 하나씩 준비했다. 물론 경험이 풍부한 두 사람이 주도했다. 여성 작가가 선관위원이 된 경우는 처음이라고 했다. 그러다 보니 자연스럽게 남성 작가 중심으로 일 처리가 진행되었다. 시간적인 여유가 있을 때는 문제가 발생하지 않았다. 모든 문제는 조급하게 처리될 때 일어났다.

투표용지와 회신용 봉투를 인쇄할 때다. 투표용지는 이사장과 분과 투표용지 색상을 달리 구분해야 했다. 이사장 투표용지는 빨간색으로 인쇄했는데 안타깝게도 분과별 투표용지는 구분하지 않고 일괄하여 흰색으로 인쇄한 것이다. 투표용지를 구분하여 식별이 용이하게 해야 했는데 그만 그걸 놓친 것이다. 사전에 협의를 거쳤더라면 될 터인데 그만 담당자 혼자서 처리하다 보니 벌어진 일이다. 그렇다고 해서 선거 업무 진행에 차질이 발생할 소지가 있는 건 아니다. 다만 식별이 용이하도록 인쇄했더라면 더 좋았을 거라는 이야기다.

회신용 봉투를 인쇄할 때는 분과 표식과 일일 특급이라는 내용을 빠뜨린 것이다. 그걸 빠뜨리다 보니 업무에 조그만 혼선을 초래하게 된 것이다. 비록 혼선을 초래했으나 컴퓨터를 활용하여 식별하다 보니 오히려 더 쉽고 신속하게 업무를 처리할 수 있었다. 다만, 일일 특급이라는 말이 빠져 우체국에 혼란을 준 것은 옥의 티였다. 접수된 우편물을 일반·등기·일일 특급으로 분류하다 보니 불필요한 업무로 추가 시간이 발생했다. 그래서 업무는 혼자 처리하기보다는 중지를 모아 처리해야 한다. 빠르게 처리하는 것도 중요하지만, 정확하게 처리하는 게 더 중요하다는 교훈을 얻었다.

그리고 투표용지에 선거관리위원장 직인을 인쇄하지 않고 한 장씩 찍다 보니 잘못 찍히거나 누락되는 투표용지가 발생했다. 직접 직인을 찍었던 것은 투명하게 투표용지를 관리한다는 차원이었는데 이는 노력에 비해 얻는 게 없었다. 따라서 투표용지에 직인을 인쇄하는 것이 시간과 인력, 경제성과 효율성 측면에서 더 유익한 방법이라 생각되었다. 무슨 일이나 장점이 있으면 단점도 있게 마련이다. 과거에 그랬으니, 이번에도 그렇게 하자는 빈약한 논리를 앞세우는 건 맞지 않다.

일 처리를 하면서 가장 중요한 것은 구성원 상호 간에 존중과 배려다. 자신이 조금 더 안다고 해서 자신의 주장만 내세우는 건 구성원 간의 불화를 초래할 수 있다. 일을 할 때도 입이 아니라 행동으로 해야 한다. 말은 보일 수 없다. 보일 수 있는 건 오직 행동뿐이다. 행동은 뒷전으로 미뤄둔 채 입으로 하는 건 절대 바람직하지 않다. 사람의 언행은 현재를 반영하는 거울이라 했다. 상대방을 배려해야 하는 이유가 바로 여기에 있다.

　가장 깨끗하고 모범적으로 치러져야 할 문인들의 선거가 문인답지 못해 안타까웠다. 후보자 입장에서는 사소한 것 하나도 색안경을 끼고 들여다보게 마련이다. 이를 두고 잘못이라고 말하기에는 語弊어폐가 있다.

　일이 없을 때는 문제가 될 게 없다. 투표용지가 접수되는 날부터는 시간이 부족했다. 선거인 명부에 접수된 투표지를 확인하고 기록하는 일도 벅찼다. 인원은 부족한데 걸려 오는 전화는 콩을 볶는 프라이팬처럼 소란스러웠다. 전화도 문인인지 묻고 싶을 정도로 하찮은 내용이 많았다. 예컨대 홍보물을 읽어보지도 않고 투표 방법이 없다거나 ○ 표식하지 않고 도장을 찍었다는 내용이 많았다. 일부는 표기를 잘못했는데 투표용지를 다시 보내달라며 버티는 작가들 때문에 무척 힘들었다. 이 외에도 단독 후보인데, 확인도 하지 않고 "왜 투표용지가 없느냐," "누구를 찍으면 좋겠느냐?" 등 마음을 아프게 하는 전화도 있었다.

　가장 큰 문제는 두 가지다. 첫 번째는 회송용 봉투에 이름이나 주소를 기록하지 않은 투표용지 처리였다. 주소는 없더라도 이름만이라도 기재했으면 될 터인데 아무것도 쓰지 않아 식별할 방법이 없었다. 개표를 앞두고 사표를 막기 위해 선거위원장이 양측 후보자와의 대화를 시도했다. 하지만 합의가 이뤄지지 않아 그 많은 투표지가 사표가 되고 말았다. 이는 차후 선거에서 절대로 소홀히 해서는 안 될 부분이 아닌가 싶다. 두 번째는 반송용 투표지가 많았다. 이는 평소 회원들의 주소 관리가 제대로 되지 않았기 때문이다. 이를 위해 최소 선거 1년 전부터는 회원들의 주소가 치밀하게 관리되어야 할 것으로 생각되었다.

　선거 업무를 하다 보니 때로는 야근이라는 이름으로 분주하게 손을 거들어야 했다. 밤늦게까지 함께하며 힘들었던 순간을 이겨냈던 작가들과의 만남도 이제 추억이 되었다. 아무리 시간이 흘러도 그때 함께하며 힘든 시간을 보냈던 날들은 오래도록 내 기억의 창고에 머물 것이다. 그리고 고마움이라는 단어가 내 마음을 따뜻하게 데워줄 것이다. 선거를 마친 지금의 내 마음은 마치 무거운 바위에 깔려 있다가 풀려난 것처럼 몸과 마음이 홀가분하다. 인고의 시간을 이겨낸 꽃이 아름답다는 말에 공감한다.

선거를 치르면서 행복했던 것은 인간미 넘치는 작가들을 만나 인연을 이어가게 된 점이다. 한국문인협회가 존재하는 한 앞으로도 선거는 계속될 것이다. 따라서 선거 방법도 구태에서 과감하게 탈피해야 한다. 소모적이고 낭비적인 선거 방법에서 벗어나 보다 안정적이고 투명한 선거 방법을 고려해야 하지 않을까 싶다. 이를 위해 논의가 필요할 시점이다. 바람이 있다면 4년 후에 치러지는 선거에서는 똑같은 문제가 반복되지 않았으면 좋겠다는 점이다. 지금은 겨울이지만 내 가슴속엔 여린 민들레 싹이 머리를 내밀기 위해 용틀임하고 있다.

〈한국전쟁문학 2023년 제12호〉

아버지
그 이름의 무게

초판 인쇄   2025년 6월 25일
초판 발행   2025년 7월 1일

지은이 김종화
발행인 임수홍
디자인 맹신형

발행처 한국문학신문
주 소 서울 강동구 양재대로 114길 32 2층
전 화 02-476-2757~8   FAX 02-475-2759
카 페 http://cafe.daum.net/lsh19577
E-mail kbmh11@hanmail.net

값   15,000원

ISBN   979-11-7437-002-0

· 저자와의 협약에 의해 인지는 생략합니다.
· 이 책의 글은 저작권법에 따라 보호를 받는 저작물이므로 저자와 출판사의
  동의 없이는 무단 전재 및 무단 복제를 금합니다.

· 잘못된 책은 바꾸어드립니다.